최고의 AI 영상
Sora로 제작하기

Sora掘金一本通

Copyright ⓒ 2024 明机

First published in the Chinese language under the title Sora掘金一本通 ISBN: 9787122453402
Korean translation rights arranged with Chemical Industry Press Co., Ltd.
through Media Solutions, Tokyo Japan(info@mediasolutions.jp)

이 책의 한국어판 저작권은 에이전시 원을 통한 저작권사와의 독점 계약으로 제이펍에 있습니다.
저작권법에 의해 한국 내에서 보호를 받는 저작물이므로 무단 전재와 무단 복제를 금합니다.

최고의 AI 영상 Sora로 제작하기

1판 1쇄 발행 2025년 1월 23일

지은이 밍지
옮긴이 권유라
펴낸이 장성두
펴낸곳 주식회사 제이펍

출판신고 2009년 11월 10일 제406-2009-000087호
주소 경기도 파주시 회동길 159 3층 / **전화** 070-8201-9010 / **팩스** 02-6280-0405
홈페이지 www.jpub.kr / **투고** submit@jpub.kr / **독자문의** help@jpub.kr / **교재문의** textbook@jpub.kr

소통기획부 김정준, 이상복, 안수정, 박재인, 송영화, 김은미, 백인혜, 권유라, 나준섭
소통지원부 민지환, 이승환, 김정미, 서세원 / **디자인부** 이민숙, 최병찬

진행 김은미 / **교정 · 교열** 이정화 / **내지 및 표지 디자인** 이민숙
용지 타라유통 / **인쇄** 한길프린테크 / **제본** 일진제책사

ISBN 979-11-93926-98-7 (13000)
책값은 뒤표지에 있습니다.

※ 이 책은 저작권법에 따라 보호를 받는 저작물이므로 무단 전재와 무단 복제를 금지하며,
   이 책 내용의 전부 또는 일부를 이용하려면 반드시 저작권자와 제이펍의 서면 동의를 받아야 합니다.
※ 잘못된 책은 구입하신 서점에서 바꾸어드립니다.

제이펍은 여러분의 아이디어와 원고를 기다리고 있습니다. 책으로 펴내고자 하는 아이디어나 원고가 있는 분께서는
책의 간단한 개요와 차례, 구성과 지은이/옮긴이 약력 등을 메일(submit@jpub.kr)로 보내주세요.

최고의 AI 영상
Sora로 제작하기

밍지 지음 / 권유라 옮김

제이펍

CHAPTER 01 Sora를 만나다: 강력한 AI 동영상 생성 모델

CHAPTER 02 기능 분석: Sora는 어떻게 효율적으로 동영상을 생성하는가

CHAPTER 05 상세 기능: Sora를 사용해 빠르게 동영상 생성하기

CHAPTER 06 프롬프트 작성: 프롬프트 최적화로 Sora의 생성 효과 높이기

AI 기술이 급격히 발전하면서 오늘날 우리의 삶에 깊은 영향을 미치고 있습니다. Sora와 같은 AI 동영상 생성 모델은 창작자부터 일반인까지 모두가 자유롭게 창작하고 표현할 수 있도록 새로운 가능성을 열어주었습니다. 누구나 간단한 프롬프트만으로 동영상 크리에이터가 될 수 있는 시대가 온 것입니다.

Sora의 베타테스터로 참여한 이 책의 저자는 AI 전문가로서 Sora를 분석하고, 다양한 사례를 통해 기술 원리를 이해하기 쉽게 풀어 썼습니다. 이 책은 Sora의 특징과 강점부터 핵심 기술, 프롬프트 작성법, 프롬프트 라이브러리, Sora를 활용한 수익 창출까지 Sora 사용자라면 알아 두어야 할 내용으로 가득합니다.

1장에서는 Sora를 소개하고, 경쟁 제품과 비교하여 Sora의 강점을 알아봅니다. 그리고 Sora를 활용할 수 있는 분야를 살펴봅니다. 2장에서는 Sora의 기술 혁신 포인트, 강력한 기능, 한계를 알아봅니다. 3장에서는 Sora의 기술 원리를 분석하고, 동영상이 생성되는 과정을 살펴보고, Sora 기술의 미래 전망을 살펴봅니다. 4장에서는 세계 모델, 멀티모달 모델 등 Sora의 모델 아키텍처를 이해합니다.

5장에서는 Sora에 가입해서 직접 Sora를 사용해 동영상을 생성해보고, 이미지-비디오, 비디오-비디오 등 다양한 방식의 생성 기능을 알아봅니다. 6장에서는 프롬프트 작성 기법을 살펴보고, 7장에서는 동영상 생성에 참고할 수 있는 프롬프트 라이브러리를 제공합니다. 마지막 8장에서는 Sora를 활용한 비즈니스 시나리오, 수익 창출 방법을 알아봅니다.

Sora가 가져다주는 변화는 단순히 동영상 제작 기술의 변화뿐만이 아니라 동영상 제작과 콘텐츠 창작의 패러다임 전환을 의미합니다. 이 책이 여러분의 창의성과 기술을 발전시키는 작은 디딤돌이 되기를 기원합니다.

저를 믿고 번역을 맡겨준 장성두 대표님, 항상 응원하고 지지해준 이상복 팀장님, 좋은 책으로 편집해준 김은미 대리님께 감사의 인사를 전합니다.

권유라

어떻게 해야 강력한 Sora 동영상 생성 모델을 빠르게 이해하고, AI 동영상을 제작하고, 시장을 선점하고, 첫 수익을 창출할 수 있을까요? 책의 구체적인 내용은 다음 두 가지 관점에서 전개됩니다.

첫째, 기술 관점입니다. AI 동영상 관련 기술부터 시작해 Sora의 특징, 기본 기능, 기술 원리, 모델 아키텍처, 생성 AI 기능, 프롬프트 작성, 프롬프트 라이브러리, 수익 실현 등을 소개합니다. 독자들은 책을 통해 Sora의 강력한 기능을 최대한 활용하여 멋진 동영상을 만들고, 자신의 창의성을 실현하며, 비즈니스 목표를 달성할 수 있을 것입니다.

둘째, 사례 관점입니다. 이 책은 Sora의 실제 활용에 중점을 두었으며, 인물, 풍경, 동물, 식물, 판타지, 여행 등 다양한 주제의 사례 분석은 물론이고, 단편 애니메이션, 영화 예고편, 드론 항공촬영 영상, 역사 영상, 전자상거래 광고 영상, 게임 영상 등 광범위한 분야의 다양한 시나리오에서의 Sora 활용법을 보여줍니다. 이 책은 AI 동영상 생성 기술에 대한 필수 가이드이며, 대상 독자는 AI 동영상 크리에이터, 영화 및 TV 프로그램 제작자, 사진작가, 마케터, AI 기술 애호가 및 개발자, 교육자, 연구원 등입니다. 또한 이 책은 관련 교육 기관의 참고 교재로도 활용할 수 있습니다.

밍지

AI 시장 동향

과학 기술의 급속한 발전과 함께 AI는 점차 사람들의 삶의 모든 면에 스며들고 있으며, 그중 AI 동영상 생성 기술이 '새로운 별'로 널리 주목받고 있습니다. MobTech[1]가 발표한 보고서에 따르면 2023년 중국의 숏폼 시장 규모는 56조 원에 달하고, 중국의 전체 인터넷 사용자 중에서 94.8%가 숏폼을 사용합니다. 이 데이터는 숏폼 시장이 급속히 성장하고 있으며, 사용자 규모가 지속적으로 증가하고 있음을 보여줍니다.

시장조사 업체 Statista[2]의 보고서에 따르면, 2025년까지 AI 동영상 기술의 글로벌 시장 규모는 120억 달러에 달할 것으로 예상됩니다. iiMedia Research[3] 보고서에 따르면, 2023년 중국 AI 생성 콘텐츠 산업 규모는 약 2.7조 원이며, 2030년에는 산업 규모가 214조 원에 달할 것으로 예상되어 향후 AI 생성 콘텐츠 산업이 엄청난 성장 잠재력을 가지고 있음을 보여줍니다.

이와 같은 배경에서 우리는 숏폼 크리에이터, 영화 및 TV 프로그램 제작자, 마케터, AI 기술 애호가 및 개발자, 교육자, 연구원에게 Sora AI 동영상 생성 기술에 대한 포괄적인 가이드를 제공하기 위해 이 책을 기획하고 집필했습니다.

---

1 (옮긴이) https://www.mob.com/
2 (옮긴이) https://www.statista.com/
3 (옮긴이) https://www.iimedia.com.cn/

Sora란

Sora는 동영상 창작의 새로운 시대를 이끄는 AI 도구로, 선진적인 알고리즘과 모델 아키텍처를 통합하여 창작자에게 전례 없는 창작의 자유와 편의성을 제공합니다. Sora의 독특한 점은 강력한 생성형 AI 기능으로, 간단한 지시와 프롬프트 라이브러리만으로 창작자가 독창적인 동영상 콘텐츠를 만들 수 있게 해준다는 것입니다.

이 책은 Sora의 기술 원리, 기능, 프롬프트 최적화, 상업적 응용을 분석하여 독자들이 AI 기술을 더 잘 이해하고 활용하여 고품질 동영상을 생성할 수 있도록 돕습니다. 이 책의 내용을 학습함으로써 독자들은 Sora AI 동영상 생성 기술의 핵심 원리, 기능, 실전 응용을 전반적으로 이해하여 숏폼 창작, 영상 제작, 마케팅 등 다양한 분야에서 성장할 수 있을 것입니다.

이 책의 특징

이 책은 Sora의 기본 개념과 기술 원리부터 실제 적용 사례까지 체계적이고 종합적으로 소개합니다. 초보자와 전문가 모두 필요한 지식과 정보를 찾을 수 있는 포괄적이고 심도 있는 실용적인 기술 가이드입니다. 이 책의 특징은 다음과 같습니다.

1. 73개의 공식 예제, 실전 응용 중심

독자들이 이론 지식을 실제 작업으로 더 잘 전환할 수 있도록 73개의 공식 AI 동영상 예제를 엄선했습니다. 다양한 주제와 용도의 예제들은 독자가 고품질 동영상 제작 기술을 효율적으로 습득하는 데 도움을 줍니다. 이와 같은 예제들을 학습하고 모방함으로써 독자는 자신의 AI 동영상 제작 능력을 기르고 창의성과 기술의 완벽한 조화를 실현할 수 있습니다.

2. 80개 이상의 절 설명, 최신 기술 분석

8장과 80개 이상의 절로 구성됐으며, 최신 AI 동영상 생성 모델인 Sora를 다각도로 심층 분석합니다. 이 책의 분석을 통해 독자는 Sora의 핵심 기술 원리와 장점을 파악할 수 있으며, 기술의 최전선에서 다양한 도전에 쉽게 대처함으로써 AI 동영상 분야의 전문가가 될 수 있습니다.

일러두기

이 책을 읽을 때 다음의 몇 가지 사항을 유의하기를 바랍니다.

1. 버전 업데이트

이 책은 여러 AI 도구와 웹 플랫폼의 인터페이스를 캡처한 이미지를 기반으로 집필했습니다. 책이 편집, 출판되는 데 시간이 걸려 이와 같은 도구의 기능과 인터페이스가 변경되었을 수도 있습니다.

2. 프롬프트

프롬프트, 텍스트 설명, 텍스트 지시, 키워드 등으로도 불립니다. 동일한 프롬프트를 사용하더라도 Sora 등의 AI 모델이 매번 생성하는 동영상이나 이미지가 다를 수 있다는 점에 유의해야 합니다. 이는 모델이 알고리즘과 연산 능력을 기반으로 새로운 결과를 도출하는 것으로, 정상적인 현상입니다. 따라서 책의 스크린샷과 동영상이 다를 수 있으며, 같은 프롬프트로 직접 제작할 때도 결과가 다를 수 있습니다.

3. 동영상

이 책에 소개된 예제 동영상은 모두 Sora 공식 발표 데모 동영상에서 가져온 것입니다. Sora가 현재 초기 개발 단계에 있기 때문에 불가피한 문제가 있습니다. 예를 들어 생성한 인물의 표정이 부자연스러워 보일 수 있고, 신체 움직임이 약간 경직되어 보일 수 있습니다. 또한 여러 개의 손과 발, 현실 세계의 물리법칙과 맞지 않는 현상이 나타날 수 있습니다. 그러나 이와 같은 문제들은 후속 버전에서 점진적으로 업데이트되고 최적화되어 더욱 뛰어난 동영상 제작 경험을 제공할 것이라고 확신합니다.

4. 활용

이 책은 2024년 2월 말에 작성됐으며, 당시 Sora는 베타테스트 단계에 있었습니다.[4] 따라서 Sora로 실제 동영상을 생성하는 실전 튜토리얼 부분의 내용이 상대적으로 적습니다.

---

4 [옮긴이] 번역서는 2024년 12월 출시된 Sora의 공식 버전을 기준으로 가입 방법과 생성 방법 등을 수정 보완했습니다.

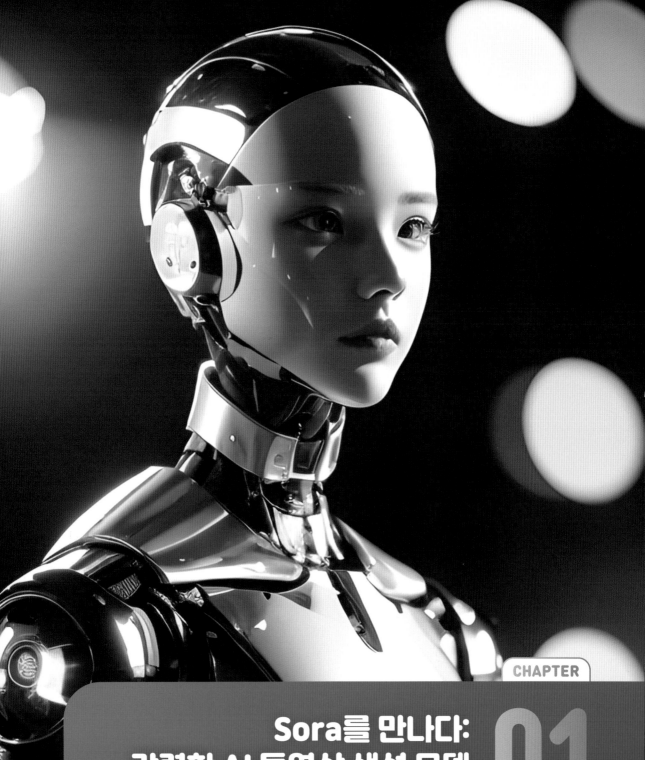

Sora를 만나다:
강력한 AI 동영상 생성 모델

01

디지털 시대의 물결 속에서 동영상은 정보 전달과 엔터테인먼트 산업의 핵심 원동력이 됐습니다. AI 기술의 급속한 발전과 함께 동영상 생성 모델은 점차 상상에서 현실로 바뀌고 있으며, 그중에서도 강력한 기술력을 갖춘 Sora가 이와 같은 변화의 물결을 이끌고 있습니다.

1.1 Sora란

차별화된 기술 아키텍처와 효율적인 학습 메커니즘을 갖춘 Sora는 동영상 콘텐츠 생성 분야에서 독보적인 두각을 나타내고 있습니다. Sora는 다양한 영상 스타일과 특징을 빠르게 인식하고 학습할 뿐만 아니라, 딥러닝 알고리즘을 통해 창의성이 풍부한 고품질 동영상을 생성할 수 있으며, 새로운 동영상 제작 방식을 제공하고, 영상 제작 업계에 전에 없던 편의성을 가져다주어 효율을 극대화합니다.

1.1.1 Sora 소개

오픈AI의 최신 혁신 기술 Sora는 인공지능artificial intelligence, AI과 동영상 제작 분야에서 혁신적인 도약을 이끌어냈습니다. 이 획기적인 도구는 생성 AI 기술을 통해 텍스트를 생생하고 창의적인 동영상 콘텐츠로 변환합니다(그림 1-1). Sora의 출시[1] 이후 IT 업계는 콘텐츠 제작의 새로운 시대가 열렸다는 사실에 열광했습니다. 오픈AI는 Sora를 통해 AI 연구 개발 분야에서의 역량을 다시 한번 입증하고, AI 기술의 한계에 끊임없이 도전하며 확장해나가고 있습니다.

그림 1-1 **오픈AI가 공개한 동영상 생성 모델 Sora**

---

1 옮긴이 2024년 12월 9일 정식 버전이 출시됐습니다.

Sora의 출시는 기술적 쾌거일 뿐만 아니라 동영상 제작 방식의 혁신입니다. 동영상 제작 과정을 간소화하고 더 간편하게 고품질의 동영상을 제작할 수 있게 함으로써 크리에이터, 마케터, 교육 종사자가 더욱 쉽고 유연하게 아이디어를 실현할 수 있게 해줍니다.

Sora와 다른 동영상 제작 도구들과의 차별점은 바로 그 핵심 기능, 텍스트를 동영상으로 변환하는 것에 있습니다. Sora는 자연어 처리natural language processing, NLP와 생성 알고리즘을 포함한 AI 기술을 통해 텍스트 입력을 이해하고, 이를 역동적이고 시각적으로 훌륭한 동영상으로 만들어냅니다(그림 1-2). 이와 같은 기능은 생성 AI 기술의 혁신일 뿐만 아니라, 기존의 동영상 제작 방식으로는 달성하기 어려운 수준의 창의성과 효율성을 가능하게 합니다.

예시 01 ◀ 짧은 텍스트로 현실감 넘치는 동영상 생성

PROMPT > A stylish woman walks down a Tokyo street filled with warm glowing neon and animated city signage. She wears a black leather jacket, a long red dress, and black boots, and carries a black purse. She wears sunglasses and red lipstick. She walks confidently and casually. The street is damp and reflective, creating a mirror effect of the colorful lights. Many pedestrians walk about.

한 세련된 여성이 따뜻하게 반짝이는 네온 불빛과 활기찬 도시 간판으로 둘러싸인 도쿄 거리를 걷고 있습니다. 그녀는 검은색 가죽 재킷과 긴 빨간색 드레스를 입고 검은색 부츠를 신고 검은색 핸드백을 들고 있습니다. 그녀는 선글라스를 쓰고 빨간 립스틱을 발랐습니다. 그녀는 자신감 있고 여유롭게 걷습니다. 비에 젖은 길은 반사되어 형형색색의 불빛으로 거울 효과를 만들어냅니다. 많은 보행자가 길을 따라 걷고 있습니다.

그림 1-2 도쿄 거리를 걷는 세련된 여성

그림 1-2에서 볼 수 있듯이, Sora는 영상의 현실성부터 시간, 안정성, 연결성, 선명도, 텍스트 내용에 대한 이해도까지 모두 우수한 수준을 달성했습니다. 과거에는 이와 같은 동영상을 제작하려면 대본 작성부터 카메라 구도까지 모든 단계에서 많은 시간과 노력을 들여야 했습니다. 이에 반해 짧은 텍스트 설명만으로 놀라운 장면을 손쉽게 생성할 수 있게 된 Sora는 관련 실무자들에게는 충격과 불안감을 안겨주었습니다.

또한 Sora의 AI 기반 방식은 맞춤화된 콘텐츠를 생성하고 높은 확장성을 제공하여, 텍스트에 따라 차별화된 맞춤형 콘텐츠를 생성해 유일무이한 동영상을 만들어줍니다. 이 고유한 기능은 Sora의 기술력과 디지털 시대에 동영상 콘텐츠를 제작하고 소비하는 방식을 뒤바꿀 수 있는 엄청난 잠재력을 보여줍니다.

> **더 나아가기** 시각 효과, 애니메이션, 특수 효과를 수동으로 선택해야 하는 다른 동영상 제작 도구와는 달리, Sora의 자동화 기능은 시간을 크게 절약하고, 고품질 동영상 제작의 문턱을 낮췄습니다. 이에 따라 크리에이터는 동영상 제작의 세부사항에 신경 쓰지 않고 스토리텔링에 더 집중할 수 있습니다.

1.1.2 Sora의 기능 특징

Sora는 기존의 동영상 제작 방식을 뒤흔들 만큼 강력한 기능을 갖춘 혁신적인 AI 동영상 생성 도구입니다. 그렇다면 Sora는 구체적으로 무엇을 할 수 있을까요? Sora의 기능 특징에 대해 간략하게 소개해보겠습니다.

첫째, Sora의 핵심 기능은 텍스트를 생생한 동영상 콘텐츠로 변환하는 것입니다. 사용자가 아이디어와 생각을 텍스트로 묘사하기만 하면 Sora는 빠르게 이를 시각적 특성을 살려 매력적이고 연결성 있는 동영상으로 변환할 수 있습니다(그림 1-3). Sora는 복잡한 장면 구성, 여러 캐릭터의 상호작용, 디테일한 동작과 배경 묘사 등 무엇이든 쉽게 처리하고 놀랍도록 멋진 동영상 작품을 생성해줍니다.

> **더 나아가기** 그림 1-3과 같이 Sora는 생성형 AI 기술, 이미지 합성, 동적 렌더링 등 여러 단계를 결합하여 간단한 키워드만으로 생생하고 사실적인 영상을 생성할 수 있었습니다. Sora의 잠재력과 혁신은 기존 동영상 제작 방식의 한계를 돌파하고 완전히 새로운 방식으로 창의성을 나타낸다는 것에 있습니다.

둘째, 자연어 이해력이 뛰어납니다. 사용자가 제공한 텍스트 프롬프트를 정확하게 해석할 뿐만 아니라, 프롬프트에서 감성과 창의성을 포착하여 감성이 풍부한 동영상 콘텐츠를 생성합니다. 밝은 분위기부터 슬픈 분위기까지, Sora는 캐릭터 표정과 움직임으로 감정을 완벽하게 표현해냅니다.

PROMPT >_ Reflections in the window of a train traveling through the Tokyo suburbs.

도쿄 교외를 지나는 열차 창문에 비친 풍경

그림 1-3 도쿄 교외를 지나는 열차 창문에 비친 풍경

셋째, 다양한 카메라 구도의 영상 생성 기능도 갖췄습니다. 즉, Sora는 동영상을 생성할 때 구도를 다양하게 전환하여 풍부한 시각적 경험을 만들 수 있습니다. 동시에 캐릭터와 시각적 스타일의 일치성을 유지해 동영상 전반의 통일성을 높이고 조화롭게 만듭니다.

넷째, Sora는 이미지로 동영상 콘텐츠를 생성할 수 있습니다. 이미지 한 장만 제공하면 이미지처리 기술을 통해 애니메이션을 적용하여 이미지에 생명력을 불어넣어 줍니다.

다섯째, Sora에는 동영상 확장 기능이 있습니다. 기존 동영상의 길이를 늘리거나 동영상의 빈 프레임을 채우려는 경우에 Sora를 활용할 수 있습니다. Sora는 동영상 콘텐츠를 분석하고 학습해서 원본 동영상의 스타일과 내용에 맞도록 확장하여, 동영상을 더욱 완벽하고 일관되게 만들 수 있습니다.

1.1.3 Sora의 경쟁 제품 비교

다른 AI 동영상 생성 도구와 비교했을 때 Sora는 1분 길이의 동영상 생성, 매우 사실적인 영상 효과, 텍스트 설명을 이해하고 실행하는 능력 등 눈에 띄는 장점과 특징이 있습니다. 표 1-1은 다른 모델과 Sora의 기능을 비교한 것입니다.

표 1-1 **Sora와 다른 모델의 기능 비교**

기능 카테고리	기능	Sora	다른 모델
기반 기술	아키텍처	트랜스포머	U-Net 기반
	구동 방식	데이터	이미지
현실 세계에 대한 이해도 및 시뮬레이션 기능	현실 세계에 대한 이해도	현실 세계의 지식을 이해함	낮음
	디지털 세계 시뮬레이션	지원	지원하지 않음
	현실 세계 상호작용 기능	지원	지원하지 않음
	3D 일치성	높음	낮음
	장기적 일치성	높음	낮음
	객체 영속성과 연속성	높음	낮음
	자연어 이해력	높음	보통
시뮬레이션 기반 동영상 편집 기능	끊김 없는 동영상 생성	높음	낮음
	모션 제어	프롬프트	프롬프트 + 모션 제어 도구
	동영상 생성부터 편집까지 지원	지원	일부 지원
	동영상 확장 생성	동영상 앞뒤 모두 지원	동영상 뒷부분만 지원
동영상 기본 속성	동영상 길이	60초	2~17초
	기본 화면비	지원	지원하지 않음
	해상도	1080P	최고 4K

다른 동영상 생성 모델과 Sora의 기능을 심층적으로 비교하면 Sora의 고유한 강점과 혁신적인 부분이 명확하게 드러납니다. 다른 동영상 생성 모델이 싱글 샷 안정성 유지에 어려움을 겪고 있을 때, Sora는 끊김 없는 다각도의 컷 전환을 구현했습니다. 샷의 전환은 자연스러우면서도 대상의 일관성과 일치성 측면에서 다른 도구보다 훨씬 뛰어나다는 점을 보여주면서 진정한 승리를 이뤄냈습니다.

더 나아가기 U-Net은 이미지 분할과 같은 컴퓨터 비전 작업에 주로 사용되는 딥러닝 신경망입니다. U-Net 신경망 구조는 인코더-디코더(encoder-decoder) 기반 모델에 속합니다. 인코더는 이미지의 특징을 추출하고, 디코더는 추출한 특징을 기반으로 픽셀 단위를 예측합니다.

U-Net 신경망 구조의 특징은 스킵 연결(skip connection)을 사용한다는 점입니다. 스킵 연결은 인코더의 특징 레이어와 디코더의 특징 레이어를 연결해 인코딩된 저차원의 특징을 더 정확하게 예측할 수 있도록 합니다. 스킵 연결은 U-Net 네트워크가 높은 수준의 시맨틱 특징을 유지하고, 저차원의 세부 정보를 잃지 않게 함으로써 이미지 분할의 정확도를 높입니다.

그림 1-4는 Sora와 런웨이Runway[2]의 AI가 생성한 동영상을 비교한 것입니다. 두 동영상은 동일한 프롬프트로 동영상을 생성했지만 동영상 길이, 프롬프트 이해도, 동영상 품질, 일관성, 실제 물리법칙 모방 측면에서 모두 Sora가 런웨이의 AI보다 뛰어나다는 것을 확인할 수 있습니다.

예시 03 **Sora와 런웨이의 프롬프트 이해도 비교**

PROMPT > A young man at his 20s is sitting on a piece of cloud in the sky, reading a book.
하늘의 구름 위에 앉아 책을 읽는 20대 청년

그림 1-4 하늘의 구름 위에 앉아 책을 읽는 청년(위: Sora, 아래: 런웨이)

자세히 비교해보면 프롬프트에 묘사한 장면을 Sora가 전체적으로 완벽하게 복원했을 뿐만 아니라, 세부적으로도 훌륭하게 만들어냈다는 것을 분명히 알 수 있습니다. 특히 인물 표현에서

---

2 옮긴이 AI 기술로 창작 도구를 개발하는 미국의 개발사입니다. https://runwayml.com/

Sora가 생성한 인물은 표정, 자세, 옷의 질감과 색상 등 모두 현실 세계에 있는 것처럼 보일 정도로 매우 사실적이고 생생한 모습을 보여줍니다.

반면, 런웨이는 스테이블 디퓨전Stable Diffusion을 기반으로 하지만, 모델 학습 정도에 따라 생성되는 캐릭터 이미지가 제한적이며, 특히 얼굴과 손 같은 주요 부분에서 변형과 왜곡이 뚜렷하게 나타나는 등 디테일이 상대적으로 좋지 못합니다.

표 1-2는 주요 동영상 생성 모델의 비교를 정리한 것입니다. 다른 동영상 생성 모델과 비교하면 Sora의 특장점을 더욱 명확하게 알 수 있습니다. 전문 크리에이터이든 일반 사용자든, Sora는 모두가 고려하고 선택할 만한 가치가 있는 AI 동영상 생성 도구입니다.

표 1-2 **주요 동영상 생성 모델 비교**

모델	개발팀	출시 시점	오픈소스 여부	동영상 기본 속성		
				길이	초당 프레임 수	해상도
Gen-2	런웨이	2023년 6월	×	4~16초	24	768×448 1536×896 4096×2160
Pika 1.0	피카	2023년 11월	×	3~7초	8~24	1280×720 2560×1440
Stable Video Diffusion	Stability AI	2023년 11월	○	2~4초	3~30	576×1024
Emu Video	메타	2023년 11월	×	4초	16	512×512
W.A.L.T	구글	2023년 12월	×	3초	8	512×896
Sora	오픈AI	2024년 2월	×	20초	알 수 없음	최고 1080P

동영상 생성 모델의 특징은 다음과 같습니다.

- **Gen-2**는 영화적 구도와 렌즈 기능으로 유명하며, 최고 수준의 해상도와 정밀도를 자랑합니다. 최신 버전에서는 4K 화질의 동영상도 생성할 수 있습니다.
- **Pika 1.0**은 텍스트 이해도가 뛰어나지만, 이미지 일치성 측면에서는 아직 개선의 여지가 있습니다.
- **Stable Video Diffusion**은 스테이블 디퓨전 이미지 모델에 기반한 최초의 동영상 생성 모델로 의의가 있습니다. 스테이플 디퓨전 머신러닝 모델은 텍스트로 이미지를 생성할 수 있고,

이미지 복원, 이미지 제작, 텍스트-이미지, 이미지-이미지 등 다양한 작업에 사용할 수 있습니다.

- **Emu Video**는 동영상 생성 품질과 텍스트 충실도가 뛰어나, 사용자에게 고품질의 동영상 생성 경험을 제공합니다.
- **W.A.L.T** 모델은 트랜스포머+디퓨전 아키텍처를 사용하여 계산 비용과 데이터셋 문제를 해결하는 효율적인 설루션을 제공합니다.
- **Sora**도 트랜스포머+디퓨전 아키텍처를 사용하고, 텍스트 이해도, 복잡한 장면 변화 시뮬레이션 기능, 일치성 측면에서 혁신적인 성능으로 사용자에게 더 뛰어난 동영상 생성 경험을 제공합니다.

1.1.4 Sora의 강점

Sora를 자세히 살펴보면 여러 가지 강점이 있다는 것을 알 수 있는데, 이 강점들은 동영상 생성 분야에서 Sora를 돋보이게 하며, 사용자에게 전례 없는 동영상 생성 경험을 제공합니다. Sora의 강점은 크게 다섯 가지로 이야기할 수 있습니다.

첫째, Sora는 높은 효율과 빠른 속도로 사용자에게 호평을 받고 있습니다. Sora는 사용자가 제공한 텍스트 콘텐츠를 기반으로 빠르게 동영상을 생성할 수 있어, 기존의 동영상 제작 프로세스에 비해 제작 시간과 비용을 크게 절약할 수 있습니다.

둘째, 사용자 정의가 가능하다는 특성은 사용자에게 더 큰 창작 공간을 제공합니다. 사용자는 자신의 필요에 따라 동영상의 콘텐츠, 스타일, 형식 등을 지정할 수 있으므로, 모든 동영상에서 개성과 창의성이 드러납니다. 기업 홍보용이든, 개인 홍보용이든, 그 외의 다른 목적이든 간에 Sora는 사용자의 개인 맞춤형 요구를 충족할 수 있습니다.

셋째, Sora는 자동화 기능이 뛰어납니다. Sora는 텍스트에서 동영상으로의 변환을 자동화하여, 수동으로 조작하는 번거로운 작업을 줄여줍니다. 이는 전문적인 동영상 제작 기술이 없어도 고품질의 동영상을 간편하게 제작할 수 있도록 해줍니다. 자동화 기능은 Sora의 사용 편의성과 대중성을 높여줍니다.

넷째, Sora가 생성한 동영상은 크로스 플랫폼 호환성이 뛰어납니다. 컴퓨터, 모바일 또는 기타 장치에서 Sora가 생성한 동영상을 원활하게 재생할 수 있으며, 이와 같은 크로스 플랫폼 호환성은 사용자에게 더 많은 선택과 편의를 제공합니다.

마지막으로, Sora의 확장성 역시 독보적입니다. 기술이 끊임없이 발전하고 활용 시나리오가 다양해짐에 따라 Sora의 기능과 활용 시나리오도 계속해서 확장되고 개선될 것이며, 이는 Sora의 미래가 무한한 가능성으로 가득하고, 더 큰 잠재력을 가지고 있음을 의미합니다.

1.1.5 Sora의 창의적인 활용 사례

오픈AI가 출시한 혁신적인 동영상 생성 도구 Sora는 다양한 분야와 활용에 무한한 가능성을 제공합니다. 엔터테인먼트 및 미디어, 교육 및 학습, 광고 및 마케팅, 가상현실virtual reality, VR 및 증강현실augmented reality, AR, 게임 개발, 예술 및 문화 창작, 심지어 개인 창작 및 공유에 이르기까지 다양한 분야에서 Sora는 그 독특한 매력과 큰 잠재력을 보여줍니다. 다양한 분야의 사례를 살펴봅시다.

첫째, 엔터테인먼트 및 미디어 분야입니다. Sora의 뛰어난 기술은 영화, TV 프로그램, 애니메이션 등에서 풍부한 시각 효과와 매력적인 스토리라인을 구현하여 작품의 재미와 매력을 크게 향상하는 데 기여합니다. 제작팀은 Sora를 통해 고품질 동영상 콘텐츠를 빠르게 생성하고, 제작 주기를 획기적으로 단축하며, 비용을 절감할 수 있습니다. 또한 Sora는 소셜 미디어 플랫폼에서 콘텐츠 크리에이터가 흥미로운 콘텐츠를 쉽게 제작하여 플랫폼에서 노출을 늘리고, 더 많은 관심을 받을 수 있도록 지원합니다.

둘째, 교육 및 학습 분야입니다. Sora는 몰입도 높은 학습 환경을 조성하여 학생들의 흥미와 적극성을 높이고, 교육의 질을 크게 향상합니다. 교사는 Sora를 사용하여 생생하고 직관적인 교육 동영상을 빠르게 생성할 수 있으며, 학생들에게 더욱 흥미롭고 효율적인 학습 자료를 제공할 수 있습니다. 또한 Sora로 다양한 학습 자료를 만들어, 학생들이 더 효율적으로 학습할 수 있는 환경을 제공할 수 있습니다.

셋째, 광고 및 마케팅 분야입니다. 기업은 Sora로 홍보 동영상이나 제품 시연 동영상을 자동으로 생성하여 브랜드 인지도와 시장 경쟁력을 높일 수 있습니다. 마케팅팀은 Sora의 빠른 프로토타이핑 기능을 통해 창의적인 광고 콘텐츠를 신속하게 제작해서 더 많은 타깃 고객에게 어필할 수 있습니다. 동시에 제품 기능, 사용 시나리오와 장점을 생생하고 상세한 동영상으로 보여줘 기업이 시장에서 돋보일 수 있게 합니다.

넷째, 가상현실 및 증강현실 분야입니다. Sora는 고유한 기술력을 바탕으로 가상현실 및 증강현실 애플리케이션을 위한 풍부하고 역동적인 콘텐츠를 제공합니다. 최첨단 이미지 처리 기술과 혁신적인 알고리즘으로 실제와 같은 고품질의 가상 배경과 오브젝트를 생성하여 사용자가 몰입할 수 있는 경험을 제공합니다. 먼 행성을 탐험하고, 고대 도시를 거닐고, 가상 캐릭터와 상호작용하는 등 사용자가 실제 그곳에 있는 듯한 경험을 선사합니다(그림 1-5). 그림 1-5에서 Sora는 페트리접시petri dish 위에 대나무 숲과 레서판다가 있는 장면을 매력적인 동영상으로 생성하여 사용자에게 독특하고 실감 나는 경험을 제공합니다.

다섯째, 게임 개발 분야입니다. 게임 개발자는 Sora로 게임 캐릭터 애니메이션과 영상 효과를 만들어, 게임의 상호작용을 높이고 재미를 더할 수 있습니다. Sora를 창의적으로 활용한다면 게임 개발에 새로운 도전과 가능성을 열 수 있을 것이며, 이는 게임 산업의 혁신과 발전을 가져올 것입니다.

여섯째, 예술 및 문화 창작 분야입니다. 예술가와 문화 창작자는 Sora를 사용하여 창의적이고 표현력이 풍부한 영상 작품을 제작함으로써, 디지털 예술을 발전시키고 혁신을 가져올 수 있습니다. Sora는 창작자에게 단편영화, 뮤직비디오, 디지털 드로잉 등의 제작 기술을 제공하는데, Sora가 디지털 아트를 제작하는 방식은 아티스트의 창작 공간을 넓힐 뿐만 아니라, 관중에게도 새로운 예술 경험을 선사합니다.

일곱째, 개인 창작 및 공유 분야입니다. Sora는 개인 사용자에게도 편리한 도구입니다. Sora를 활용해 창의적인 동영상을 제작하고 소셜 미디어에 공유할 수 있습니다. 개인 사용자는 자신의 재능과 창의성을 발휘하고, 자신의 작품과 아이디어를 다른 사람들과 공유할 수 있습니다.

PROMPT >_ A petri dish with a bamboo forest growing within it that has tiny red pandas running around.

페트리접시에 대나무 숲이 자라고, 그 속에서 작은 레서판다가 뛰어다닙니다.

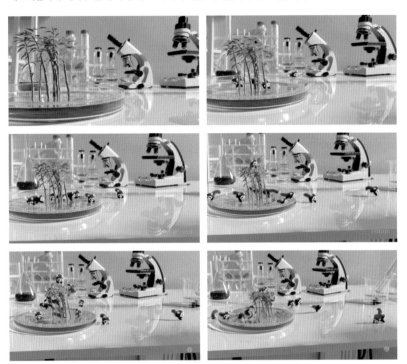

그림 1-5 페트리접시의 대나무 숲과 뛰어다니는 레서판다

1.2 Sora의 등장에 우리가 고려해야 할 다섯 가지 질문

트렌드를 선도하는 기술 제품으로서 Sora는 큰 관심과 다양한 토론을 불러일으켰습니다. Sora의 등장에 우리가 생각해봐야 할 몇 가지 질문이 있습니다. 텍스트-비디오 모델이 왜 이토록 뜨거운 관심을 받고 있을까요? Sora의 출시가 어떤 기술 혁신과 시장 트렌드를 시사하는 걸까요? 일반 사용자나 업계 종사자로서 우리는 Sora의 등장을 어떻게 생각하고, Sora와 우리의 관계를 어떻게 바라봐야 할까요? 이와 같은 변화에 우리는 어떻게 대응하고 기회를 잡아야 할까요? 전문적인 배경지식이 없는 일반인들은 어떻게 하면 이 기술 혁명의 흐름에 발맞춰나갈 수 있을까요? 이번 절에서는 다섯 가지 질문에 대해 포괄적이고 심도 깊은 이야기를 나눠보겠습니다.

1.2.1 텍스트-비디오 모델은 왜 뜨거운 관심을 받고 있는가

Sora 이전에도 시장에는 여러 가지 텍스트-비디오 생성 플랫폼과 도구가 있었습니다. 그중 피카Pika와 런웨이는 이미 2023년에 텍스트-비디오 모델text-to-video model을 출시했습니다. 그러나 초기 모델들은 동영상을 생성할 때 피사체의 움직임이 느리다거나, 생성한 동영상의 길이가 상대적으로 짧은 경우가 많았습니다.

예를 들어, 텍스트-비디오 생성 플랫폼 피카에는 텍스트 설명에 따라 동영상 콘텐츠를 자동으로 생성하는 텍스트-비디오 생성 기능 외에도 이미지-비디오 생성 기능, 비디오-비디오 생성 기능도 있었습니다(그림 1-6).

이미지-비디오 생성 기능은 사용자가 하나 이상의 이미지를 업로드하면 피카가 이미지 처리 기술과 머신러닝 기술을 결합하여 업로드된 이미지와 연관된 동영상을 자동으로 생성하는 기능입니다(그림 1-7). 이를 통해 사용자는 새로운 방식으로 동영상을 제작할 수 있으며, 정적 이미지를 동영상으로 변환하여 시각적 경험을 더욱 풍부하게 할 수 있습니다.

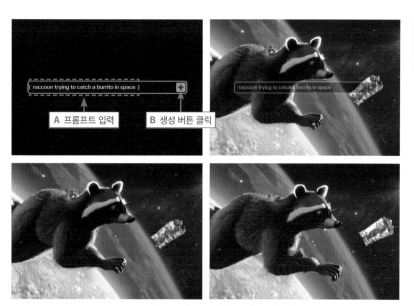

그림 1-6 피카의 텍스트-비디오 생성 기능 시연

그림 1-7 피카의 이미지-비디오 생성 기능 시연

피카의 또 다른 혁신적인 기능인 비디오-비디오 생성 기능은 사용자가 동영상을 업로드하면 피카가 이를 심층 분석하여 콘텐츠, 액션, 배경 등의 요소를 파악한 다음, 이 정보를 바탕으로 완전히 새로운 동영상을 생성하는 기능입니다(그림 1-8). 비디오-비디오 생성 기능은 동영상 편집, 콘텐츠 제작, 맞춤형 추천 등의 분야에서 폭넓게 활용할 수 있습니다.

그림 1-8 **피카의 비디오-비디오 생성 기능 시연**

그림 1-8에서 볼 수 있듯이 사용자가 프롬프트에서 장면 묘사를 변경하는 것만으로도 동영상 화면의 분위기를 바꾸고 다양한 시각 효과를 나타낼 수 있습니다. 이는 영상 제작의 가능성을 극대화하고, 사용자가 짧은 시간에 다양하고 창의적인 동영상 작품을 제작할 수 있도록 합니다.

또한 피카는 다양한 편집 도구와 특수 효과 라이브러리를 제공하여, 사용자가 필요에 따라 생성한 동영상을 추가 편집하고 개선해 전문가 수준의 동영상 작품을 손쉽게 제작할 수 있게 도와줍니다(그림 1-9).

그러나 피카의 다양한 기능도 오픈AI의 Sora의 앞에서는 역부족이었습니다. Sora의 텍스트-비디오 모델은 더 높은 기술 수준을 자랑했습니다. 생성한 동영상의 시간이 더 긴 것은 물론이고, 주인공에게 생명을 불어넣은 듯 부드럽고 생동감 있는 움직임을 보여줬습니다(그림 1-10). 이는 앞으로도 AI 기술의 지속적인 발전과 혁신으로 더욱 놀라운 경험을 하게 될 것임을 증명합니다.

그림 1-9 **피카의 동영상 편집 기능(동영상 캔버스 확장 기능) 시연**

예시 05 **부드럽고 생동감 넘치는 긴 동영상**

PROMPT >

a woman wearing blue jeans and a white t-shirt taking a pleasant stroll in Mumbai, India, during a beautiful sunset.

인도 뭄바이의 아름다운 석양을 배경으로, 청바지와 흰색 티셔츠를 입은 여성이 기분 좋게 산책하고 있습니다.

그림 1-10 **해 질 녘의 기분 좋은 산책**

그림 1-10은 인도의 뭄바이에서 아름다운 석양을 배경으로, 청바지와 흰색 티셔츠를 입은 여성이 산책하는 모습을 보여줍니다. Sora가 생성한 이 동영상은 섬세하고 자연스러우면서도, 배경이 다채롭습니다. 영상이 보여주는 장면은 생생한 생동감과 현장감으로 보는 사람이 마치 그곳에 있는 듯한 느낌을 줍니다.

이러한 비교는 모두 Sora의 공식 시연 영상을 기반으로 한 것이지만, AI 분야에서 실력을 쌓아온 오픈AI가 출시하는 제품과 기술은 모두 큰 관심을 받고 있으므로, 사람들은 Sora가 텍스트-비디오 생성 분야에서 새로운 차원의 성능을 보여줄 것이라고 믿고 있습니다.

1.2.2 Sora의 출시는 무엇을 의미하는가

Sora의 출시는 전 세계적으로 큰 관심을 끌었으며, 사람들은 AI 기술의 빠른 발전에 감탄했습니다. 주요 산업의 전문가들은 각자의 의견을 발표했습니다.

Sora가 출시된 지 몇 시간 만에 일론 머스크Elon Musk는 소셜 미디어에서 "gg humans"라고 올렸습니다(그림 1-11). 'gg'는 'good games'의 약자로, '좋은 게임이었다', '패배를 인정한다'라는 의미입니다. AI를 활용하는 인류가 미래에 최고의 작품을 만들어낼 것이라는 일론 머스크의 관점은 AI 분야에서 Sora의 높은 위상과 미래의 창작에 대한 AI의 큰 잠재력을 시사합니다.

그림 1-11 일론 머스크의 Sora에 대한 코멘트

일부 전문가는 Sora의 등장이 범용 AI를 실현하는 데 걸리는 시간을 10년에서 1년으로 단축시킬 것이라고 예측하기도 합니다. Sora의 기술은 동영상의 디테일을 정확하게 렌더링하고, 현실 세계 사물의 상태를 이해하며, 풍부한 감정을 가진 캐릭터를 생성할 수 있습니다(그림 1-12). 이는 Sora가 수많은 동영상을 학습하면서 세상에 대한 이해도가 텍스트 학습 수준을 뛰어넘었기 때문입니다. 이와 같은 발전 추세는 미래의 AI가 인간 세계를 더 깊이 이해함으로써 다양한 분야에서 혁신과 발전을 가져올 것임을 예고합니다.

Sora의 출시는 텍스트-비디오 생성 분야의 새로운 장을 열고, 범용 AI 발전의 기반을 마련할 것입니다. 특히 광고, 영화 예고편, 숏폼 등의 업계에 큰 변화를 가져올 것입니다. 많은 관계자가 Sora가 업계에 큰 영향을 미칠 것이라고 이야기하고 있지만, 단기간에 업계 전체를 뒤흔들기에는 시기상조입니다. 다만 Sora의 새로운 기술로 더 많은 사람이 영감을 받아 창의력을 발휘할 것이고, Sora는 분명 크리에이터에게 유용한 도구가 될 것입니다.

예시 06 **사실감과 상호작용의 완벽한 구현**

PROMPT > A beautiful homemade video showing the people of Lagos, Nigeria in the year 2056. Shot with a mobile phone camera.

2056년 나이지리아 라고스 사람들의 모습을 보여주는 아름다운 홈메이드 동영상. 휴대폰 카메라로 촬영

그림 1-12 휴대폰 렌즈를 통해 본 미래 도시 풍경

그림 1-12에서 볼 수 있듯이 Sora는 장면의 배경, 물체의 질감, 캐릭터의 움직임 등 미세한 시각적 요소들을 정확하게 복원하고 표현하면서 높은 수준의 사실감과 선명도를 갖춘 동영상을 생성합니다. 동시에 Sora는 현실 세계에서 사물이 어떻게 존재하고, 다른 사물과 어떻게 상호작용하는지 인식하고 이해할 수 있습니다. 이와 같은 이해도 덕분에 Sora가 생성한 동영상은 더 자연스럽고, 매끄러우며, 현실 세계와 잘 어우러집니다.

하지만 일부 업계 관계자는 Sora의 활용 전망에 대해 신중한 입장을 보이고 있습니다. Sora가 기술적으로 획기적인 발전을 이뤘지만, 산업 생태계를 진정으로 변화시키기 위해서는 업계 법률과 기술 발전 사이에서 균형을 이루어야 한다는 것입니다. 또한 생성 동영상의 정보량이 실제 촬영한 동영상에 비해 많지 않기 때문에, 소셜 플랫폼 구축과 같이 세부적인 부분에 민감한 영역에서 Sora를 활용하는 것은 아직 한계가 있을 수 있다고 이야기합니다.

결론적으로, Sora의 출시는 기술적 마일스톤일 뿐만 아니라 업계의 방향을 알려주는 풍향계입니다. 이는 생성형 AI 모델에 대한 열기는 식지 않을 것이며, 기술 산업의 미래에 더욱 큰 영향과 변화를 가져올 것을 의미합니다.

1.2.3 우리는 Sora와 어떤 관계인가

우리는 Sora와 어떤 관계일까요? 2023년 챗GPT_{ChatGPT}와 같은 생성형 AI 모델의 등장에 많은 사람이 고민하고 있는 질문입니다. 텍스트-이미지 생성 같은 기술이 발전함에 따라 텍스트-비디오 생성은 멀티모달_{multimodal}[3] AI 모델의 발전 방향이 됐습니다. 업계 전문가들은 AI 모델 분야의 경쟁이 더욱 심화될 것이며, 멀티모달 AI 모델이 생성형 AI의 새로운 트렌드와 AI 산업 전체의 발전을 이끌 것으로 전망합니다. 구체적으로 살펴보면 다음과 같습니다.

1. **단편 드라마 시장의 변화를 만드는 AI 텍스트-비디오 생성 기술**

   텍스트-비디오 생성 AI는 멀티모달이 활용되는 주요 영역입니다. 텍스트 프롬프트를 기반으로 동영상을 직접 생성하는 기능은 숏폼 시장에 큰 변화가 올 것임을 뜻합니다. 이 기술은 숏폼 제작 비용을 크게 절감하여 '창작보다 제작에 무게를 싣는' 문제를 해결하고, 숏폼 제작의 초점을 고품질의 대본 제작으로 되돌려놓을 것으로 기대됩니다.

2. **멀티모달 AI 모델 알고리즘의 혁신이 기술 산업에 미치는 영향과 가져올 변화**

   멀티모달 AI 모델 알고리즘의 혁신은 자율주행, 로봇공학 등 기술을 크게 발전시킬 것이며, 생성형 AI는 기술 산업에 장기적인 영향을 미칠 것입니다. 따라서 컴퓨팅, 알고리즘, 데이터, 애플리케이션 등과 같은 분야의 선두 기업에 관심을 가져야 합니다.

---

3 옮긴이 멀티모달 학습은 텍스트, 오디오, 이미지 등 다양한 양식의 데이터를 조합하여 사용하는 딥러닝입니다.

3. AI를 상업적으로 활용할 때 멀티모달의 주요 역할과 잠재력

멀티모달은 AI를 상업적으로 활용하는 중요한 출발점으로, 기업에 실질적인 비용 절감과 효율성 향상을 가져올 것으로 기대됩니다. 기업은 절감된 비용을 제품 및 서비스 품질 개선이나 기술 혁신에 사용하여, 생산성을 향상할 수 있습니다. 또한 멀티모달의 발전으로 새롭고 광범위한 사용자 생성 콘텐츠 플랫폼이 생겨나면서, 업계 전체에 더 많은 발전의 여지가 생길 수 있습니다.

인정하고 싶지 않더라도 Sora와 같은 AI 기술은 우리와 밀접한 관계를 구축해가고 있습니다. 우리의 업무 방식을 변화시킬 뿐만 아니라 생활 방식도 어느 정도 재편하고 있다고 볼 수 있죠. 따라서 이와 같은 변화를 적극적으로 받아들여야 하루가 다르게 변화하는 이 시대에서 경쟁력을 유지할 수 있습니다. Sora가 사람들에게 미치는 영향을 간단히 살펴봅시다.

첫째, AI는 업무와 생활 방식을 근본적으로 바꾸고 있습니다. 많은 전통 산업과 직무가 점차 AI로 대체되고 있습니다. 예를 들어 프로그래머의 복사 붙여넣기 작업은 이제 챗GPT로 쉽게 수행할 수 있고, 챗GPT로 생성한 코드는 더욱 정교해지고 있습니다. 마찬가지로 대규모 팀이 필요했던 작업도 이제는 단 몇 명만으로 할 수 있게 됐습니다.

둘째, Sora와 같은 신기술의 활용 전망과 그것이 가져다줄 편리함을 기대하면서도, 다른 한편으로는 전통적인 인간의 직업을 빼앗길 수 있다는 우려도 있습니다. 기술의 빠른 발전은 특정 산업에 분명 영향을 미치기 때문에 이는 당연한 걱정입니다. 특히 그중에서도 영화 및 TV 산업의 종사자는 쉽게 영향을 받을 것입니다. 그림 1-13은 Sora로 생성한 SF 영화 클립입니다. 자동 또는 반자동으로 동영상을 생성하는 Sora의 등장으로, 전통적인 동영상 제작 및 편집 직종의 수요가 줄어들 수 있습니다. 영화나 TV 산업에 종사한다면 변화에 적응하기 위해 기술과 능력을 계속해서 향상해야 할 것입니다.

셋째, 일자리가 줄어들지 않을 수도 있습니다. Sora와 같은 신기술이 전통적인 직업에 어느 정도 영향을 미칠 수는 있지만, 그렇다고 해서 반드시 일자리가 줄어든다는 의미는 아닙니다. 기술이 대중화되고 활용 범위가 넓어지면 반대로 새로운 일자리와 고용 기회가 생길 수 있습니다. 또한 인간의 창의성과 지혜는 기술로 대체할 수 없으므로, 기술 변화가 가져올 도전과 기회에 적극적으로 대처하고, 미래 사회의 발전 요구에 부응할 수 있도록 능력과 자질을 향상하기 위해 노력해야 합니다.

예시 07 ◀ **매끄럽고 정교한 디테일 구현**

PROMPT >_ A giant, towering cloud in the shape of a man looms over the earth. The cloud man shoots lightning bolts down to the earth.

사람 모양의 거대한 구름이 지구 위로 솟아오릅니다. 클라우드맨은 지구로 번개를 쏩니다.

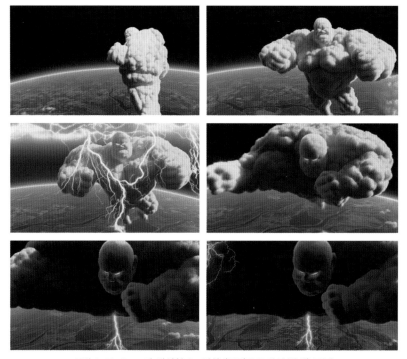

그림 1-13 Sora가 생성한 SF 영화 〈클라우드맨의 번개〉 클립

더 나아가기 그림 1-13에서 볼 수 있듯이 Sora는 사실적이고 디테일하게 커다란 구름과 지구 배경을 생성했습니다. 동시에 클라우드맨이 지구를 향해 번개(lightning bolt)를 쏘는 움직임을 보여주어 시각적으로 강렬한 인상을 남깁니다. Sora가 생성한 이 SF 영화 클립은 매끄러우면서도 정교한 디테일로 Sora의 뛰어난 동영상 생성 능력을 보여줍니다.

1.2.4 Sora에 어떻게 대응해야 할까

우리는 개방적이면서도 신중하고 비판적인 태도로 Sora에 적응하고 활용해야 합니다. Sora가 가져다주는 기회를 최대한 활용하는 동시에 Sora가 가져올 수 있는 위험에도 주의를 기울여 균형 있고 지속 가능한 발전 경로를 모색해야 합니다. 구체적인 방법을 살펴봅시다.

첫째, 사용 경계를 명확히 해야 합니다. 과학과 기술의 윤리적 규범을 준수하고, 비윤리적이거나 사기 행위에 Sora를 사용해서는 안 됩니다. 중국 과학기술부 감독사가 발표한 〈负责任研究行为规范指引(연구 행위 책임 규범 지침)(2023)〉[4]에서는 Sora와 같은 생성형 AI 모델의 사용을 직접적으로 금지하지는 않지만, 연구 윤리의 중요성을 강조하고 있습니다. 즉, Sora와 같은 AI 모델로 보도자료를 직접 생성하거나 결과물의 공동 작성자로 AI 모델을 등재하는 등 비윤리적 행위나 사기 행위에 AI 모델을 사용할 수 없다는 것입니다.[5]

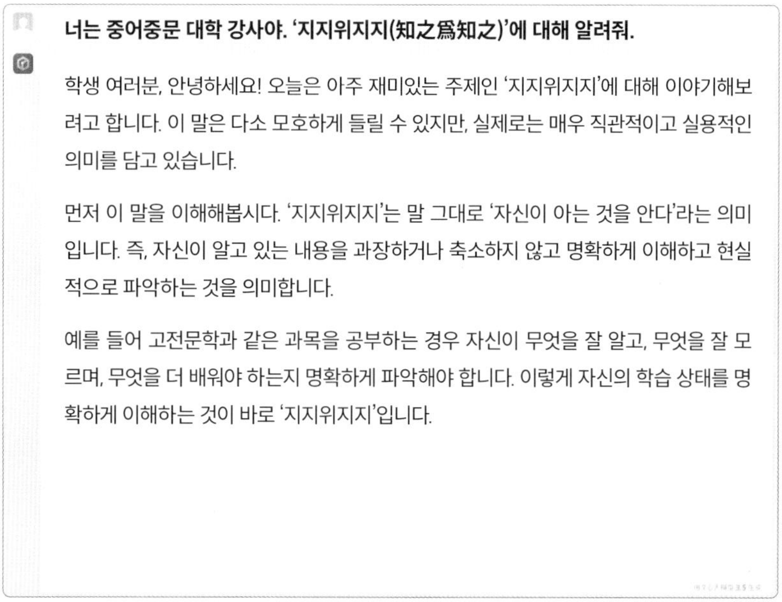

> **너는 중어중문 대학 강사야. '지지위지지(知之爲知之)'에 대해 알려줘.**
>
> 학생 여러분, 안녕하세요! 오늘은 아주 재미있는 주제인 '지지위지지'에 대해 이야기해보려고 합니다. 이 말은 다소 모호하게 들릴 수 있지만, 실제로는 매우 직관적이고 실용적인 의미를 담고 있습니다.
>
> 먼저 이 말을 이해해봅시다. '지지위지지'는 말 그대로 '자신이 아는 것을 안다'라는 의미입니다. 즉, 자신이 알고 있는 내용을 과장하거나 축소하지 않고 명확하게 이해하고 현실적으로 파악하는 것을 의미합니다.
>
> 예를 들어 고전문학과 같은 과목을 공부하는 경우 자신이 무엇을 잘 알고, 무엇을 잘 모르며, 무엇을 더 배워야 하는지 명확하게 파악해야 합니다. 이렇게 자신의 학습 상태를 명확하게 이해하는 것이 바로 '지지위지지'입니다.

그림 1-14 **어니봇 모델 사용 사례**

---

4 옮긴이 https://www.most.gov.cn/kjbgz/202312/t20231221_189240.html
5 옮긴이 번역 시점(2024년 8월)에서 한국의 과학기술정보통신부는 생성형 AI의 윤리 기준을 아직 발표하지 않았습니다. 2020년 발표한 〈인공지능(AI) 윤리기준〉은 다음 링크를 참고하세요. https://m.site.naver.com/1yUPt

둘째, Sora를 활용해 시야를 넓히고 학습 효과를 높입니다. AI 모델을 통해 과거에 있었던 정보의 장벽이 허물어지고, 모든 분야의 지식을 쉽게 얻을 수 있게 됐습니다. 이제 학습은 그 어느 때보다 쉬워졌고, 의지만 있다면 언제 어디서나 학습할 수 있습니다. 그림 1-14에서 어니봇_{Ernie} Bot[6] 모델이 교사로서 지식을 전달하는 사례를 볼 수 있습니다.

셋째, 관념과 사고방식을 바꿔야 합니다. 업무, 교육, 평생학습의 관념을 AI 시대의 요구에 맞춰 조정합니다. 직업관, 자녀의 교육관, 자신의 평생학습관 모두 시대에 발맞춰야 합니다. AI가 급속도로 발전하는 오늘날 우리는 아이들에게 공부 방법을 가르쳐, 아이들이 사회 변화에 적응하는 법을 배우고, 미래에 도전하는 능력을 기를 수 있도록 해야 합니다.

넷째, 신중한 태도를 유지합니다. AI에 대한 맹목적인 숭배와 지나친 의존을 피하고, 이성적이고 객관석으로 AI를 이해해야 합니다. Sora와 같은 대형 AI 모델은 우리에게 전에 없던 편리함과 기회를 가져다주었지만, 전능하지 않다는 점도 인식해야 합니다. 기술 발전을 추구하면서도 동시에 이성적이고 객관적으로 AI를 이해하고, 맹목적인 숭배와 지나친 의존을 피해야 합니다.

다섯째, AI가 가져올 수 있는 위험에 주의해야 합니다. 예를 들어 데이터 프라이버시 및 보안, AI 의사 결정의 투명성 및 공정성 등의 문제를 심도 있게 고민하고 해결해야 합니다. 따라서 Sora와 같은 AI 모델을 활용하되, 그 발전이 사회의 공익과 윤리적 원칙에 부합하도록 규제와 감독을 강화해야 합니다.

여섯째, 비판적 사고력을 키워야 합니다. AI가 생성한 정보와 지식을 접할 때 독립적인 사고와 판단을 유지하고, 검증되지 않은 정보를 맹목적으로 수용하거나 유포하지 않아야 합니다. 동시에 AI가 생성한 결과의 신뢰성과 정확성을 인식하고 판단하는 방법을 배워 이를 의사 결정과 행동에 잘 활용해야 합니다.

6　옮긴이 중국 최대 검색엔진 바이두 산하의 개발사인 百度文心(Ernie)에서 출시한 대화형 AI 서비스입니다.

Sora와 같은 텍스트-비디오 모델이 가져온 기술 혁신에서 일반인들은 어떻게 기회를 잡을 수 있을까요?

우선, 우리는 놀라운 동영상을 생성하는 Sora의 영향력을 인정해야 합니다. 우리의 상상력을 자극하는 Sora의 동영상 생성 프롬프트를 봅시다(그림 1-15).

예시 08 **섬세한 질감과 깊이 있는 장면 구현**

PROMPT > Several giant wooly mammoths approach treading through a snowy meadow, their long wooly fur lightly blows in the wind as they walk, snow covered trees and dramatic snow capped mountains in the distance, mid afternoon light with wispy clouds and a sun high in the distance creates a warm glow, the low camera view is stunning capturing the large furry mammal with beautiful photography, depth of field.

거대한 털매머드 여러 마리가 설원을 밟으며 다가옵니다. 걸을 때마다 긴 털은 바람에 부드럽게 펄럭이고, 저 멀리 눈 덮인 나무와 눈 쌓인 산이 보입니다. 한낮에 뭉게구름과 먼 곳에 높이 떠 있는 태양이 따스한 빛을 만들어냅니다. 로 앵글, 피사계 심도 기법으로 거대한 털매머드를 멋지게 촬영합니다.

그림 1-15 **겨울날 털매머드의 장엄한 모습**

영상을 보지 않더라도 프롬프트는 우리의 머릿속에 눈길을 걷는 털매머드를 떠올리게 합니다. 단순히 '설원을 가로지르는 거대한 털매머드 여러 마리'라고 적었다면 생성된 동영상의 효과는 훨씬 떨어졌을 겁니다.

이 동영상 예시에서 볼 수 있듯이, Sora가 보여주는 화질과 품질은 '이게 정말 AI가 만든 건가?'라는 의문을 갖게 만듭니다. 네, 이것이 바로 AI 기술의 힘입니다. 하지만 AI 기술의 신비함과 불가해함은 일반인들에게 기대감과 불안감을 동시에 느끼게 합니다. AI 기술을 활용하여 업무

역량을 끌어올릴 수 있을 것이라는 기대와 기술 혁명에 어떻게 융합되어야 할지 모른다는 불안을 함께 주는 것이죠.

> **더 나아가기** Sora는 프롬프트에 묘사된 모든 요소를 포착하고, 이를 통합하여 사실적인 장면을 만들었습니다. 피사체를 표현하는 것 외에도 배경에 눈 덮인 나무와 눈 덮인 산을 묘사해 웅장하고 고요한 분위기를 만들어낸 것입니다.
>
> 동시에 카메라는 로 앵글로 털매머드의 위엄을 보여주고, 털매머드의 섬세한 털과 피부 질감까지 표현해 깊이 있는 화면을 만들어냈습니다. 시청자는 털매머드의 거대한 크기와 설원의 고요한 분위기를 느낄 수 있습니다. 또한 피사계 심도(depth of field, DOF) 기법을 사용해 털매머드의 디테일과 특징을 강조하여, 화면에서 더욱 돋보이게 만들었습니다.

초조해질 때 우리는 냉정을 찾아야 합니다. AI 기술이 아무리 강력해도 도구일 뿐이며, 진정으로 가치를 창출하려면 비즈니스에 대한 깊은 이해가 필요합니다. 따라서 일반인들이 AI 영상에 뛰어들 때 맹목적으로 트렌드를 좇지 않고, AI 기술을 자신의 비즈니스와 결합하여 어떻게 부가가치를 창출할 수 있는지 생각해야 합니다.

Sora는 무에서 유를 창조한 게 아닙니다. 그 뒤에는 오픈AI에서 선보인 성공적인 제품들이 있습니다. 챗GPT와 같은 대형 언어 모델large language model, LLM의 아이디어를 빌려왔고, 오픈AI의 내부 성공 경험이 있었습니다. 또한 막대한 모델 학습 비용은 다른 기업이 Sora를 모방하기 어려워하는 이유 중 하나입니다. Sora가 가져올 기회를 잡고 싶은 일반인이라면, 다음 몇 가지를 미리 준비해봅시다.

1. **기술 동향에 주목한다.**

   항상 AI 분야의 기술 동향을 주시하여 최신 기술, 특히 동영상 생성과 관련된 기술 동향과 트렌드를 파악해야 합니다. 그래야 새로운 기술이 등장했을 때 그것의 가치와 중요성을 빠르게 파악하고, 기회가 왔을 때 빠르게 잡을 수 있습니다.

2. **비즈니스 맥락에서 생각한다.**

   AI 기술을 자신의 비즈니스와 결합하고, AI 기술을 사용하여 비즈니스의 문제점을 해결하고, 업무의 효율과 질을 개선하는 방법을 생각해야 합니다. AI 물결 속에서 맹목적으로 트렌드를 좇지 말고, 실제 자신의 상황과 필요에 따라 자신에게 가장 적합한 선택을 해야 합니다.

3. 콘텐츠 제작에 대해 심도 있게 공부한다.

AI 기술을 통해 효율적으로 빠르게 동영상을 생성할 수 있긴 하지만, 콘텐츠의 본질은 사람이 파악해야 합니다. 따라서 콘텐츠 제작의 기본 논리를 공부하고, 더 많은 시청자를 끌어들이게 하는 방법과 가치를 더 잘 전달하는 방법을 이해해야 합니다. 이는 AI 기술을 잘 활용하기 위한 전제 조건입니다.

4. 창의력을 기른다.

AI 기술의 발전은 콘텐츠 제작에 무한한 가능성을 가져왔습니다. 따라서 일반인도 자신이 발휘한 상상력을 AI 기술과 결합하여 더욱 창의적인 맞춤형 동영상 콘텐츠를 제작할 수 있습니다.

5. 나만의 소재 풀을 구축한다.

창의적인 영감을 얻고, 동영상 제작 능력을 향상하기 위해서는 자신만의 소재 풀을 적극적으로 구축해야 합니다. 이를 위한 효과적인 방법은 고전 영화나 드라마를 시청하고, 그중 멋진 클립이나 이미지를 캡처해 저장하는 것입니다. 이렇게 소재 풀이 쌓이면 순조롭게 창의적이고 매력적인 동영상 작품을 만들 수 있을 것입니다.

6. 동영상 제작 기술을 배운다.

여유가 있다면 동영상 편집 및 구도에 대한 입문 기술을 배워두는 게 좋습니다. 사진 및 동영상 촬영에 대한 기본 지식을 습득하고 동영상 편집 소프트웨어에 익숙해지면, AI 생성 동영상을 보완하기 쉬울 것입니다. 이와 같은 기술은 동영상의 품질을 높이는 데 도움이 될 뿐만 아니라 창작 과정도 더 편해질 수 있습니다.

요컨대, 일반인들은 Sora와 같은 기술 혁신 앞에서 기대와 열정을 가지면서도 냉정하고 이성적인 태도를 유지해야 합니다. 기술 동향을 주시하고, 비즈니스의 맥락에서 생각하며, 창의력을 기르는 등 기술 혁신의 기회를 잡도록 미리 준비해야 합니다.

MEMO

기능 분석:
Sora는 어떻게 효율적으로
동영상을 생성하는가

02

디지털 시대의 도래와 함께 정보와 재미를 얻는 중요한 수단으로 동영상이 자리하게 되었지만, 효율적인 동영상 생성 기술은 언제나 업계의 과제였습니다. 이와 같은 시점에 Sora의 등장은 새로운 해결 방안을 제공합니다. 그렇다면 Sora는 대체 어떻게 동영상을 생성할까요? 이번 장에서는 Sora의 핵심 기능을 심층적으로 분석하고, 효율적인 동영상 생성의 비밀을 공개합니다.

2.1 Sora의 기술 혁신 포인트

2023년, 여러 스타트업에서 수많은 동영상 생성 모델을 출시했습니다. 해당 모델들과 비교했을 때 오픈 AI가 출시한 Sora는 품질도 높았으며, 우리의 개념을 뒤바꿨고, 새로운 AI 시대의 도래를 예고했습니다.

동영상 생성 분야에서 기술 혁신은 업계의 발전을 앞당깁니다. Sora의 기술 혁신은 동영상 생성 기술의 새로운 트렌드를 이끌었습니다. Sora는 동영상 생성 속도와 효율뿐만 아니라 동영상 품질과 사용자 경험에도 중점을 두고 있습니다. 그렇다면 Sora의 주목할 만한 기술 혁신은 어떤 것이 있을까요? 이번 절에서는 효율적인 동영상 생성 원리를 더 잘 이해하고, 향후 기술 발전과 혁신에 통찰력을 갖도록 도와주는 Sora의 기술 혁신을 하나씩 공개하겠습니다.

2.1.1 다양한 동영상 포맷 지원

Sora는 다양한 동영상 포맷을 지원합니다. 우선 정사각형(1:1) 영상, 와이드스크린(16:9) 영상, 세로(9:16) 영상은 물론, 임의의 비율로 영상을 생성할 수 있기 때문에 거의 모든 영상 포맷을 지원한다고 할 수 있습니다(그림 2-1).

예시 09 ◀ 다양한 동영상 포맷 비교

PROMPT ⟩ Turtles swimming in the ocean.

바다에서 헤엄치는 거북이

그림 2-1 바다에서 헤엄치는 거북이

특히 Sora는 다양한 동영상 포맷을 지원할 뿐만 아니라 콘텐츠 생성 프로세스를 간소화합니다. 사용자는 Sora가 낮은 해상도로 빠르게 생성한 프로토타입으로 미리 보기나 오류 수정을 할 수 있습니다. 사용자는 오류가 없음을 확인하고 Sora의 전체 해상도 모드에서 최종 생성을 마칠 수 있습니다. 이 기능은 콘텐츠 제작의 유연성과 효율성을 높여줄 뿐만 아니라 동영상 콘텐츠 제작 과정을 크게 간소화하여, 사용자가 그 어느 때보다 쉽게 콘텐츠를 제작할 수 있도록 도와줍니다.

> **더 나아가기** Sora의 이 기능은 강력한 기술력과 알고리즘 최적화 덕분에 가능합니다. 매개변수를 수동으로 조정하거나 포맷을 변환할 필요 없이 자동으로 다양한 동영상 포맷의 요구사항을 해결합니다. 이 과정에서 이미지 품질이나 디테일이 손상되지 않도록 효율적인 컴퓨팅 아키텍처와 데이터 처리 방식을 채택했습니다. 이와 같은 기술적 특징 덕분에 Sora는 동영상 생성 분야에서 높은 경쟁력과 가치를 가지게 됐습니다.

2.1.2 개선된 화면 구도와 프레임

Sora 개발팀은 원본 동영상의 화면비로 훈련하면 화면 구도가 나아진다는 사실을 발견했습니다. Sora 외의 다른 모델들은 이미지나 동영상 생성 모델을 훈련하는 일반적인 방식대로 모든 훈련 동영상을 정사각형으로 잘랐는데, 이처럼 정사각형으로 잘라 훈련하는 모델은 피사체의 일부만 보여주는 동영상을 생성하는 경우가 발생하기도 했습니다(그림 2-2).

그림 2-2 피사체의 일부만 보여주는 동영상

반면, Sora가 생성한 동영상은 구도 측면에서 더 나아졌습니다(그림 2-3). Sora의 장점은 강력한 기술력과 알고리즘 최적화뿐만 아니라, 원본 동영상의 화면비를 최대한 활용하는 데 있다는 것을 알 수 있습니다. 이 덕분에 동영상을 생성할 때 원본 동영상의 화면 구도를 더 잘 유지하여, 사용자에게 더욱 사실적이고 생동감 있는 시청 경험을 제공할 수 있습니다.

그림 2-3 **구도가 개선된 Sora 생성 동영상**

또한 Sora는 생성된 동영상을 최첨단 이미지 처리 기술로 미세 조정하고 최적화하기 때문에 영상의 선명도가 높으면서도 매끄럽습니다. 이처럼 포괄적인 최적화와 개선을 통해 Sora는 동영상 생성 분야에서 높은 경쟁력과 시장성을 확보하여, 사용자에게 더 나은 동영상 시청 경험을 제공합니다. 예를 들어 와이드스크린 포맷의 동영상을 생성할 때, Sora는 주요 콘텐츠가 항상 시청자에게 보일 수 있도록 유지하고, 일부 모델들처럼 피사체의 일부만 보이지 않도록 합니다(그림 2-4).

예시 10 **와이드스크린 포맷**

PROMPT >_ 3D animation of a small, round, fluffy creature with big, expressive eyes explores a vibrant, enchanted forest. The creature, a whimsical blend of a rabbit and a squirrel, has soft blue fur and a bushy, striped tail. It hops along a sparkling stream, its eyes wide with wonder. The forest is alive with magical elements: flowers that glow and change colors, trees with leaves in shades of purple and silver, and small floating lights that resemble fireflies. The creature stops to interact playfully with a group of tiny, fairy-like beings dancing around a mushroom ring. The creature looks up in awe at a large, glowing tree that seems to be the heart of the forest.

눈이 크고 표정이 풍부한, 작고 동그랗고 복슬복슬한 생물이 마법에 걸린 활기찬 숲을 탐험하는 3D 애니메이션. 토끼와 다람쥐가 기묘하게 결합된 이 생물은 부드러운 푸른색 털과 덥수룩한 줄무늬 꼬리를 가지고 있습니다. 생물은 신기한 듯 눈을 크게 뜨고 반짝이는 개울을 따라 뛰어다닙니다. 숲에는 빛을 내며 색이 바뀌는 꽃, 보라색 잎과 은색 잎을 가진 나무, 반딧불이를 닮은 작은 불빛 등 마법 같은 요소들이 가득합니다. 생물은 걸음을 멈추고 버섯 주변에서 춤을 추는 요정처럼 작은 생명체들과 장난스럽게 상호작용합니다. 생물은 숲의 심장처럼 보이는 커다란 빛나는 나무를 경외심에 찬 눈으로 바라봅니다.

그림 2-4 **토끼와 다람쥐의 기묘한 결합**

Sora는 주요 콘텐츠의 완전함과 명확성을 유지함으로써 시청자가 동영상의 모든 디테일을 감상할 수 있도록 만들어 동영상의 매력과 감동을 그대로 전달했습니다. 이와 같은 미세 조정을 통해 Sora는 생성된 동영상의 화질을 획기적으로 개선할 뿐만 아니라 시청자에게 더욱 멋진 시청 경험을 제공합니다.

2.1.3 언어 이해와 동영상 생성

텍스트-비디오 생성 시스템의 훈련을 위해서는 텍스트 설명이 포함된 많은 수의 동영상이 필요합니다. Sora 개발팀은 DALL-E에서 사용한 레이블링labeling 기법을 동영상에 적용했습니다. 먼저 묘사가 잘된 레이블 모델을 학습시킨 다음, 이를 사용하여 학습셋training set의 모든 동영상에 레이블을 생성했습니다.

Sora 개발팀은 묘사가 잘된 동영상 레이블로 훈련하면 텍스트 충실도와 동영상의 전반적인 품질이 향상된다는 사실을 발견했습니다. DALL-E와 비슷하게, Sora 개발팀은 GPTgenerative pre-trained transformer 모델을 사용하여 짧은 사용자 프롬프트를 길고 상세한 레이블로 변환한 다음, 이를 동영상 모델로 전송했습니다. 이 과정을 통해 사용자 설명에 정확히 부합하는 고품질 동영상을 생성할 수 있었습니다. 지금부터 동일한 시나리오에서 사용자가 다른 프롬프트를 사용해 생성한 동영상의 결과를 비교해보겠습니다.

그림 2-5를 보면 알 수 있듯이 프롬프트에 있는 캥거루, 청바지, 흰 티셔츠 등이 묘사되었으며, 동영상은 만화 스타일입니다.

예시 11 ◄ 기본 시나리오의 프롬프트

PROMPT > An adorable kangaroo wearing blue jeans and a white t-shirt taking a pleasant stroll in Mumbai India during a beautiful sunset.

아름다운 석양 속 인도 뭄바이에서 청바지와 흰 티셔츠를 입은 귀여운 캥거루가 즐거운 산책을 합니다.

그림 2-5 석양 속 인도 뭄바이를 산책하는 캥거루

그림 2-6은 예시 11의 프롬프트에서 계절의 변화만 주었습니다. 동영상은 더 사실적인 스타일로 바뀌었습니다.

예시 12 ◄ 기본 시나리오의 프롬프트+계절 변화

PROMPT > An adorable kangaroo wearing blue jeans and a white t-shirt taking a pleasant stroll in Mumbai India during a winter storm.

겨울 폭풍이 몰아치는 인도 뭄바이에서 청바지와 흰 티셔츠를 입은 귀여운 캥거루가 즐거운 산책을 합니다.

그림 2-6 겨울 폭풍이 몰아치는 인도 뭄바이를 산책하는 캥거루

그림 2-7은 피사체와 배경에 모두 변화를 주었고, 프롬프트에 적합한 동영상을 생성해냈습니다.

예시 13 🔊 **기본 시나리오의 프롬프트+피사체/배경 변화**

PROMPT ⬎ A toy robot wearing a green dress and a sun hat taking a pleasant stroll in Mumbai India during a colorful festival.

화려한 축제가 열리는 인도 뭄바이에서 초록색 옷을 입고 챙 모자를 쓴 장난감 로봇이 즐거운 산책을 합니다.

그림 2-7 축제가 열리는 인도 뭄바이를 산책하는 로봇

비교해보면 Sora가 레이블링 기술과 GPT의 역량을 결합하여 언어 이해력을 크게 높였다는 것을 알 수 있습니다. 사용자의 짧은 프롬프트를 이해할 뿐만 아니라 이를 상세한 프롬프트로 빠르게 변환하여 사용자 요구에 맞는 동영상 콘텐츠를 생성합니다.

이처럼 강력한 언어 이해 능력은 동영상 생성 분야에서 Sora의 독보적인 장점으로 작용하여, 사용자에게 더욱 편리하고 효율적인 동영상 제작 경험을 제공합니다.

예시 14 🔊 **기본 시나리오의 프롬프트**

PROMPT ⬎ A woman wearing a green dress and a sun hat taking a pleasant stroll in Mumbai India during a beautiful sunset.

아름다운 석양 속 인도 뭄바이에서 초록색 옷을 입고 챙 모자를 쓴 여성이 즐거운 산책을 하고 있습니다.

그림 2-8 석양 속 인도 뭄바이를 산책하는 여성

기본 시나리오의 프롬프트 + 계절/장소 변화

PROMPT > A woman wearing a green dress and a sun hat taking a pleasant stroll in Johannesburg South Africa during a winter storm.

겨울 폭풍이 몰아치는 남아프리카 공화국 요하네스버그에서 초록색 옷을 입고 챙 모자를 쓴 여성이 즐거운 산책을 하고 있습니다.

그림 2-9 겨울 폭풍이 몰아치는 요하네스버그를 산책하는 여성

기본 시나리오의 프롬프트 + 피사체 변화

PROMPT > An old man wearing a green dress and a sun hat taking a pleasant stroll in Mumbai India during a beautiful sunset.

석양 속 인도 뭄바이에서 초록색 옷을 입고 챙 모자를 쓴 노인 남성이 즐거운 산책을 하고 있습니다.

그림 2-10 석양 속 인도 뭄바이를 산책하는 노인 남성

기본 시나리오의 프롬프트 + 피사체/배경 변화

PROMPT > An old man wearing blue jeans and a white t-shirt taking a pleasant stroll in Mumbai India during a colorful festival.

화려한 축제가 열리는 인도 뭄바이에서 청바지와 흰 티셔츠를 입은 노인 남성이 즐거운 산책을 하고 있습니다.

그림 2-11 축제가 열리는 인도 뭄바이를 산책하는 노인 남성

예시를 보면 알 수 있듯이 Sora는 영상 피사체를 인물로 대체한 후에도 사용자의 텍스트 명령을 정확하게 해석하여, 디테일과 감정이 풍부한 캐릭터와 생생한 장면을 생성했습니다(그림 2-8~2-11). 복잡한 액션 장면이든 미묘한 감정 표현이든, Sora는 모두 포착하여 완벽하게 렌더링할 수 있습니다. Sora는 간결한 텍스트 프롬프트를 풍부한 동영상 콘텐츠로 자연스럽고 매끄럽게 변환하여, 사용자에게 훌륭한 시각적 경험을 제공합니다.

2.1.4 멀티모달 입력 처리

Sora의 멀티모달 입력 처리 기능은 사용자에게 전례 없는 수준의 창작의 자유를 제공하는 중요한 기능입니다. 텍스트 프롬프트 입력 외에도 정지 이미지나 원본 동영상을 유연하게 처리하고, 콘텐츠를 확장하고, 빈 프레임을 채우거나 스타일을 바꾸는 등의 기능이 있습니다. 따라서 Sora를 사용하여 새로운 동영상 콘텐츠를 만들 수 있을 뿐만 아니라 기존 이미지나 동영상을 소스 자료로 활용하여 더욱 풍부하고 다양한 시각 효과를 만드는 2차 창작을 할 수도 있습니다.

예를 들어 두 개의 동영상을 Sora에 입력하여 하나의 동영상으로 만들 수 있습니다(그림 2-12). Sora는 여러 동영상의 요소와 구성을 지능적으로 분석하여, 그에 어울리는 동영상 콘텐츠를 자동으로 생성할 수 있습니다.

예시 18 두 동영상을 하나로 합치기

PROMPT > A drone camera circles around a beautiful historic church built on a rocky outcropping along the Amalfi Coast, the view showcases historic and magnificent architectural details and tiered pathways and patios, waves are seen crashing against the rocks below as the view overlooks the horizon of the coastal waters and hilly landscapes of the Amalfi Coast Italy, several distant people are seen walking and enjoying vistas on patios of the dramatic ocean views, the warm glow of the afternoon sun creates a magical and romantic feeling to the scene, the view is stunning captured with beautiful photography.

드론 카메라가 아말피 해안을 따라 바위 노두에 세워진 아름다운 교회 주위를 돌며, 역사적이고 웅장한 건축 디테일과 계단식 통로, 파티오를 보여줍니다. 바다의 수평선과 이탈리아 아말피 해안의 언덕이 내려다 보이는 뷰에서 파도가 아래의 바위에 부딪히는 모습이 보입니다. 멀리서 여러 사람이 파티오 주변을 산책하며 멋진 바다 풍경을 즐깁니다. 따뜻한 오후 햇살이 환상적이고 낭만적인 분위기를 자아내고, 멋진 풍경을 아름다운 사진으로 담아냅니다.

입력 동영상 ❶

입력 동영상 ❷

입력 동영상 ❶과 입력 동영상 ❷를 합성한 동영상

그림 2-12 드론 서라운드 샷으로 촬영한 해변의 건물

또한, Sora는 기존 동영상 콘텐츠를 정밀하게 편집하고 처리할 수도 있습니다. 빈 프레임을 채워서 동영상을 매끄럽게 만들거나 스타일을 바꿔 새로운 예술적 분위기를 불어넣는 등의 작업을 손쉽게 처리합니다.

동영상 제작 업계에서는 멀티모달 입력 처리 기능으로 Sora를 다양하게 활용할 수 있습니다. 동영상 전문 제작자분만 아니라 일반 사용자도 자신만의 창의력과 상상력을 실현하고, 독특하고 개성 넘치는 동영상 작품을 만들 수 있습니다.

기존의 이미지와 동영상 생성 방법은 일반적으로 256×256 해상도의 4초짜리 영상처럼 표준 크기에 맞춥니다. 하지만 Sora팀은 다음과 같은 원본 크기 동영상 데이터 학습의 이점을 발견했습니다.

첫째, 원본 크기 데이터로 학습하면 동영상의 디테일과 특징이 보존되어, 실제 장면을 더 잘 나타낼 수 있습니다(그림 2-13). 동영상의 크기를 조정하거나 자르면 고품질 이미지와 동영상을 생성하는 데 중요한 정보가 손실될 수 있기 때문입니다.

둘째, 원본 크기 데이터는 더 많은 정보를 제공하므로, 모델이 동영상의 디테일과 움직임을 더 효율적으로 학습하는 데 도움이 됩니다. 이렇게 하면 생성된 동영상의 품질이 향상될 뿐만 아니라, 모델이 다양한 크기와 해상도의 동영상 입력에 더 잘 적응하게 됩니다.

셋째, 원본 크기 데이터로 훈련하면 모델의 훈련 효율성과 유연성도 향상됩니다. 모델이 튜닝 tunning이나 트리밍trimming 작업을 추가로 수행할 필요가 없어, 입력 데이터를 더 빠르게 처리하고 고품질의 출력 결과를 생성할 수 있습니다. 또한 다양한 크기와 해상도의 동영상으로 모델을 학습시킬 수 있기 때문에, 다양한 응용 시나리오와 요구사항에 좀 더 유연하게 적응할 수 있습니다.

즉, 원본 크기 데이터로 학습하면 동영상의 품질, 효율성, 유연성 향상 등 많은 이점을 얻을 수 있습니다. 이와 같은 방식은 이미지와 동영상 생성 분야에 더 나은 성능과 결과를 가져올 뿐만 아니라, 관련 분야에도 더 강력한 기술 지원이 가능해집니다.

예시 19 원본 크기의 데이터를 학습

PROMPT > An extreme close-up of an gray-haired man with a beard in his 60s, he is deep in thought pondering the history of the universe as he sits at a cafe in Paris, his eyes focus on people offscreen as they walk as he sits mostly motionless, he is dressed in a wool coat suit coat with a button-down shirt , he wears a brown beret and glasses and has a very professorial appearance, and the end he offers a subtle closed-mouth smile as if he found the answer to the mystery of life, the lighting is very cinematic with the golden light and the Parisian streets and city in the background, depth of field, cinematic 35mm film.

수염을 기른 60대 백발 남성 클로즈업. 파리의 한 카페에 앉아 우주의 역사를 사색하는 그는 거의 움직이지 않고 앉아서 화면 밖의 걷고 있는 사람들에게 시선을 고정하고 있습니다. 그는 버튼다운 셔츠에 울 정장 코트를 입고, 갈색 베레모와 안경을 써 매우 전문적으로 보입니다. 마지막에 그는 인생의 수수께끼에 대한 해답을 찾은 듯 입을 다물고 미묘한 미소를 짓습니다. 황금빛 시네마틱 라이팅, 배경은 파리의 거리와 도시, 피사계 심도, 시네마틱 35mm 필름

그림 2-13 백발 남성 클로즈업

2.2 Sora의 강력한 동영상 생성 기능

Sora는 뛰어난 동영상 생성 기능으로 AI 동영상 분야에서 독보적인 우위를 점하고 있습니다. Sora의 세계에서는 모든 장면이 무한한 가능성으로 가득 차 있으며, 모든 창작물은 완전히 새로운 경험으로 다가와 누구나 동영상 크리에이터가 될 수 있습니다. 이번 절에서는 Sora의 강력한 동영상 생성 기능을 자세히 살펴보고, 그 뒤에 숨겨진 기술의 매력과 혁신을 소개합니다.

2.2.1 3D 일치성: 움직이는 물체와 인물을 3D로 표현하기

Sora팀이 동영상 모델을 더 깊이 파고들면서 놀라운 현상이 나타났습니다. 대규모 훈련을 한 모델이 놀라운 '출현emerging' 기능을 보여준 것입니다. 이와 같은 기능은 Sora에 고유한 동영상 생성 기능을 주었고, 현실의 사람, 동물, 환경을 정확하게 시뮬레이션할 수 있게 되었습니다.

출현 기능의 속성은 3차원three-dimensional, 3D 구조나 사물 인식과 같은 특정한 귀납적 편향inductive bias에 기반하지 않습니다. 순전히 모델이 대량의 데이터를 처리할 때 자연스럽게 발생하는 스케일scale 현상입니다. 즉, 이와 같은 속성은 미리 설정하거나 강제한 것이 아니라 모델이 대규모 데이터셋을 학습할 때 자체적으로 학습하고 최적화한 결과입니다.

> **더 나아가기** 귀납적 편향이란 머신러닝 알고리즘에서 특정 유형의 데이터나 가설에 대한 모델의 편향을 말합니다. 이와 같은 편향으로 모델은 학습 중에 특정 설루션에 치우치고, 다른 가능한 설루션과 똑같이 효과적인 설루션을 무시합니다. 귀납적 편향은 일반적으로 모델 설계, 매개변수 선택, 학습 데이터 특성 등의 요인으로 발생합니다.
>
> 동영상 모델에서 귀납적 편향은 특정 유형의 동영상이나 장면은 잘 인식하는 반면, 다른 유형의 데이터는 제대로 표현하지 못하는 모델의 형태로 나타납니다. 예를 들어 어떤 모델은 이미지를 더 잘 인식하고, 동영상을 처리하는 능력이 떨어지도록 설계되기도 합니다. 이와 같은 편향은 특정 기능이나 패턴에 지나치게 의존하기 때문에, 복잡하거나 다양한 동영상 데이터를 처리할 때 모델의 성능이 저하될 수 있습니다.
>
> 귀납적 편향의 영향을 줄이기 위해 연구자들은 다양한 모델 구조, 훈련 전략, 데이터 증강 기법을 시도하여 모델의 일반화 능력과 적응력을 높입니다. 이는 모델이 다양한 유형의 데이터를 더 잘 처리하고, 다양한 시나리오에서 성능을 높이는 데 도움이 될 수 있습니다.

이처럼 편향되지 않은 출현 기능으로 Sora는 더 유연하게 현실 세계를 시뮬레이션합니다. 인물의 역동적인 동작, 동물이 달리고 뛰어오르는 모습, 복잡한 환경 변화 등 Sora는 강력한 출현 기능을 통해 설득력 있는 결과를 제공합니다.

3D 일치성은 Sora의 출현 기능의 주요 특징으로, 카메라가 움직이고 회전할 때 3차원 공간의 인물과 장면 요소가 항상 일관된 움직임을 유지하는 동영상을 생성할 수 있습니다(그림 2-14).

예시 20 ▶ 3D 일치성으로 일관된 움직임을 유지

PROMPT >_ Beautiful, snowy Tokyo city is bustling. The camera moves through the bustling city street, following several people enjoying the beautiful snowy weather and shopping at nearby stalls. Gorgeous sakura petals are flying through the wind along with snowflakes.

아름답게 눈이 덮인 도쿄 거리가 사람들로 북적입니다. 카메라가 북적이는 도시 거리를 거쳐, 아름답게 눈이 오는 날씨를 즐기면서 근처 노점에서 쇼핑을 하는 사람들을 따라갑니다. 화려한 벚꽃잎이 눈송이와 함께 바람에 흩날립니다.

그림 2-14 푸시인 샷으로 촬영한 북적이는 도쿄 거리

3D 일치성은 동영상 생성 프로세스에서 중요한 개념입니다. 그림 2-14에서 볼 수 있듯이, 이는 Sora가 생성하는 동영상이 공간적으로 일관되고, 사실적일 수 있도록 해줍니다. 카메라가 인물을 따라 푸시인푸시인push-in하는 과정에서 Sora는 주변 환경의 디테일과 변화를 정확하게 시뮬레이션하고 렌더링합니다.

즉, 인물이 걷고, 달리고, 뛰어오르는 모습이든, 건축물, 나무 등 요소의 움직임이든, 모두 카메라의 움직임에 맞춰 조정되므로 더욱 사실적이고 자연스러운 시각 효과를 표현할 수 있습니다. 따라서 3D 일치성은 영상의 시각 효과를 높일 뿐만 아니라 사용자의 시청 경험도 개선합니다 (그림 2-15).

예시 21 ◖ 3D 일치성으로 자연스러운 시각 효과를 제공

PROMPT ▷ two people walking up a steep cliff near a waterfall and a river in the distance with trees on the side, stunning scene.

두 사람이 폭포 옆 가파른 절벽을 걸어 올라갑니다. 멀리 강이 있고, 그 옆에는 나무가 있는 멋진 장면입니다.

그림 2-15 패닝 샷으로 촬영한 장엄한 경치

그림 2-15에서 볼 수 있듯이 Sora의 동영상은 빠른 패닝 샷panning shot으로 와이드 뷰를 보여주며, 자연스럽게 이어집니다. Sora의 촬영 기술과 3D 일치성 기술이 결합하여 프레임이 빠르게 전환할 때도 높은 수준의 일관성을 유지할 수 있습니다. 이와 같은 효과는 특히 액션 장면, 풍경 묘사, 커다란 움직임에서 두드러지게 나타나며, 시청자는 타의 추종을 불허하는 몰입감을 느낄 수 있습니다.

이와 같은 3D 일치성이 가능해진 것은 Sora의 물리 시뮬레이션 기능, 강력한 인물 애니메이션 시뮬레이션, 장면 인터랙티브 시뮬레이션 기능 덕분입니다. 현실 세계 물리법칙의 시뮬레이션을 통해 Sora는 3D 공간에서 인물과 요소의 움직임과 모습의 변화를 정확하게 계산합니다. 동시에 인물 애니메이션과 장면 인터랙티브 시뮬레이션을 통해 더욱 자연스럽고 부드러운 움직임과 장면 전환을 구현합니다.

> **더 나아가기** Sora는 중력, 충돌, 마찰 등 실제 물리법칙을 시뮬레이션할 수 있는 뛰어난 물리 시뮬레이션 기능을 갖추고 있어, 움직임이 더욱 자연스러운 사실적인 동영상 콘텐츠를 생성합니다. 바람에 풀이 흔들리거나, 물이 흐르는 등의 자연 현상을 정확하게 시뮬레이션하여 사용자에게 몰입감 있는 경험을 선사합니다.

2.2.2 장기적 일치성: 영상 속 인물과 장면을 변함없이 유지하기

장기적 일치성은 AI 동영상의 장기적 일관성과 객체 영속성을 의미하며, 이는 AI 동영상 생성 분야에서 줄곧 중요한 과제였습니다. 장시간에 걸쳐 영상을 샘플링할 때 콘텐츠의 시간적 일관성을 유지하는 것은 동영상 생성 모델에게 특히 어렵습니다. 하지만 Sora는 이와 같은 방면에서 훌륭한 능력을 갖췄습니다. 모든 상황에서 완벽하지는 않지만, Sora는 단기 및 장기 종속성을 효과적으로 처리하여 생성된 동영상이 장기적으로 콘텐츠 일관성을 유지할 수 있도록 합니다.

캐릭터, 동물, 사물 등이 가려지거나 프레임에서 벗어난 경우에도 Sora는 강력한 처리 능력을 통해 그것들이 지속적으로 동영상에 존재하도록 합니다(그림 2-16). 이와 같은 장기적 일치성은 Sora가 생성한 동영상을 더욱 자연스럽고 사실적으로 만들어, 시청자에게 더 나은 시청 경험을 선사합니다.

예를 들어 동영상이 시작될 때 캐릭터가 빨간색 옷을 입었다면, 동영상의 장면이나 앵글이 바뀌더라도 캐릭터는 여전히 빨간색 옷을 입고 있어 일치성을 유지합니다. 마찬가지로, 동영상에서 인물이 한 테이블에서 다른 테이블로 이동하는 장면을 묘사할 때도 Sora의 기능이 돋보입니다. 시점이 바뀌거나 장면이 바뀌어도, 인물과 두 테이블의 상대적 위치와 상호작용 디테일이 정확하게 유지됩니다. 이와 같은 장기적 일치성 유지는 영상 처리 분야에서 Sora의 강점을 보여줄 뿐만 아니라, 시청자에게 더욱 사실적이고 몰입감 있는 시청 경험을 선사합니다.

예시 22 ◀ 장기적 일치성으로 자연스럽고 일관된 동영상 생성

PROMPT ⋗ A Dalmatian dog looks out of the window, with a blue window frame and pink walls. A group of people walk past it.

달마시안 한 마리가 파란 창틀과 분홍색 벽이 있는 창문에서 밖을 바라봅니다. 한 무리의 사람들이 달마시안을 지나칩니다.

그림 2-16 **창밖을 바라보는 달마시안**

세계 상호작용 시뮬레이션: 인물과 환경 간의 간단한 상호작용 시뮬레이션

AI 분야에서 도전적인 목표인 '세계 상호작용'[1]에서 Sora는 놀라운 능력을 보여주었습니다. 상황에 따라 Sora는 세계의 상태에 영향을 미치는 간단한 동작을 시뮬레이션하여, 가상 세계의 사물과 캐릭터가 현실 세계와 동일한 방식으로 상호작용할 수 있도록 합니다. 예를 들어 Sora가 화가의 창작 과정을 시뮬레이션할 때 화가는 캔버스에 새로운 획을 그립니다(그림 2-17). 이와 같은 획은 그려질 때도, 시간이 지나도 남아 있습니다. 즉, 화가가 이전 작품을 덧칠하거나 수정하여 더 풍부하고 복잡한 장면을 만들어낼 수 있습니다.

예시 23 ◀ **화가의 창작 과정 시뮬레이션으로 현실감 있는 장면 구현**

PROMPT ⟩ a person is painting a tree with watercolors on paper with a brush and a palette of watercolors, Art & Language, organic painting, a watercolor painting

한 사람이 붓과 수채화 팔레트로 종이에 나무 수채화를 그리고 있습니다. 예술과 언어, 오가닉 페인팅, 수채화 페인팅

그림 2-17 **화가의 창작 과정 시뮬레이션**

마찬가지로 Sora가 시뮬레이션하는 세계에서 사람이 햄버거를 먹으면, 베어먹은 자국이 햄버거에 남습니다(그림 2-18). 이와 같은 자국은 장면의 사실감을 더할 뿐만 아니라, 시청자에게 인물의 행동과 음식의 상태에 대한 추가 정보를 제공합니다. 이러한 표현 방식을 통해 Sora는 가상 세계의 사물과 캐릭터가 더욱 자연스럽고 사실적인 방식으로 시청자와 상호작용할 수 있도록 합니다.

---

1   [옮긴이] 가상 세계의 사물과 캐릭터가 세계의 상태에 영향을 미치는 상호작용을 의미합니다.

햄버거 자국 시뮬레이션으로 사실감 있는 상호작용 구현

PROMPT >> a man in glasses is eating a hamburger in a restaurant or bar, with a lot of condiments, deep focus, realism

안경을 쓴 남자가 레스토랑이나 바에서 양념이 듬뿍 들어간 햄버거를 먹고 있습니다. 딥 포커스, 리얼리즘

그림 2-18 햄버거를 먹는 인물 시뮬레이션

2.2.4 디지털 세계 시뮬레이션: 탐험하고 창작하는 무한한 디지털 세계

Sora의 시뮬레이션 기능은 현실 세계에 국한되지 않습니다. Sora는 디지털 세계에서 사람이 움직이는 과정도 시뮬레이션할 수 있습니다. 예를 들어 비디오게임에서 Sora는 이와 같은 과제를 쉽게 해결합니다. Sora는 게임 〈마인크래프트〉 플레이어와 게임 세계의 움직임을 실제 게임처럼 구현했습니다(그림 2-19). Sora는 두 가지 기능을 결합하여 게임 시뮬레이션 분야에서 큰 잠재력을 보입니다.

주목할 만한 점은 Sora의 이와 같은 기능은 제로샷 학습을 통해 구현할 수 있다는 점입니다. 즉, 어떠한 사전 지식 없이도 〈마인크래프트〉의 텍스트 명령을 포함한 간단한 프롬프트만 있으면 Sora는 이를 이해하고 해당 게임과 관련된 행위와 장면을 시뮬레이션할 수 있습니다.

> **더 나아가기** '인공 프로세스(artificial process)'는 인간이 설계하고, 제어하고, 실행하는 일련의 조작 단계나 프로세스를 의미합니다. 이와 같은 프로세스는 특정 목적을 달성하기 위해 인간의 지능으로 생성되고 관리됩니다.
>
> Sora가 시뮬레이션하는 인공 프로세스는 사람의 개입이나 제어가 필요한 프로세스를 이해하고 시뮬레이션하는 Sora의 기능을 뜻합니다. 예를 들어 비디오게임에서 Sora는 컨트롤러나 키보드와 마우스 같은 입력 장치를 통해 인간 플레이어가 수행하는 게임 내 동작을 시뮬레이션할 수 있습니다. 즉, Sora는 이와 같은 인공 프로세스를 학습하고 시뮬레이션하여 사람이 직접 개입하지 않는 상황에서 게임 환경과 자율적으로 상호작용하고, 인간 플레이어의 게임 행위와 비슷한 동작을 만들어낼 수 있습니다.

PROMPT >_ In the game scene of Minecraft, a pink pig is on the grass, with trees and shrubs in the background and blue sky in the background.

〈마인크래프트〉게임 장면에서 나무와 관목이 있는 초원과 푸른 하늘을 배경으로 잔디밭 위에 분홍색 돼지가 있습니다.

그림 2-19 〈마인크래프트〉게임 시뮬레이션

2.2.5 복잡한 요소 생성 기능: 사실적인 가상 장면 만들기

Sora는 복잡한 장면과 캐릭터 등의 요소를 생성하는 데 뛰어난 능력을 보여줍니다. 많은 캐릭터와 다양한 움직임을 포함해 주제가 뚜렷하고 배경 디테일이 풍부한 복잡한 장면을 쉽게 생성합니다(그림 2-20).

캐릭터의 생생한 표정이든, 복잡한 카메라 기술이든, Sora는 쉽게 만들어냅니다. 생성된 동영상은 사실감이 뛰어날 뿐만 아니라 설득력 있는 내러티브 효과로 시청자가 마치 그곳에 있는 것처럼 느끼게 합니다.

복잡한 요소 생성

PROMPT ›

The camera rotates around a large stack of vintage televisions all showing different programs—1950s sci-fi movies, horror movies, news, static, a 1970s sitcom, etc, set inside a large New York museum gallery.

카메라가 뉴욕의 대형 박물관 갤러리를 배경으로 1950년대 공상과학영화, 공포영화, 뉴스, 정지 화면, 1970년대 시트콤 등 다양한 프로그램을 보여주는 커다란 빈티지 TV 더미 주위를 돌고 있습니다.

그림 2-20 **다양한 프로그램을 보여주는 빈티지 TV 더미**

Sora의 캐릭터 애니메이션 생성 기능은 인물, 동물 등 캐릭터 움직임과 표정을 시뮬레이션해 생성된 동영상의 캐릭터 표현을 더욱 생생하고 흥미롭게 합니다(그림 2-21). 거기에 더해 캐릭터의 움직임과 표정을 정확하게 시뮬레이션하여 캐릭터를 더욱 사실적으로 표현합니다.

사실적인 애니메이션 클로즈업

PROMPT ›

Animated scene features a close-up of a short fluffy monster kneeling beside a melting red candle. The art style is 3D and realistic, with a focus on lighting and texture. The mood of the painting is one of wonder and curiosity, as the monster gazes at the flame with wide eyes and open mouth. Its pose and expression convey a sense of innocence and playfulness, as if it is exploring the world around it for the first time. The use of warm colors and dramatic lighting further enhances the cozy atmosphere of the image.

애니메이션 장면의 클로즈업 샷에 녹아내리는 빨간 양초 옆에 무릎을 꿇은 조그만 털복숭이 괴물이 등장합니다. 아트 스타일은 조명과 텍스처에 중점을 두고 3D로 사실적으로 표현했습니다. 눈을 크게 뜨고 입을 벌린 채 경이로움과 호기심이 가득 찬 표정으로 불꽃을 바라봅니다. 괴물의 포즈와 표정은 처음 세상을 탐험하는 것처럼 순수하고 장난기 가득한 느낌을 줍니다. 따뜻한 색감과 드라마틱한 조명이 아늑한 분위기를 더욱 돋보이게 합니다.

그림 2-21 **불꽃을 바라보는 귀여운 괴물**

Sora의 강력한 기능은 개별 캐릭터분만 아니라 장면을 전반적으로 제어하는 데도 활용됩니다. 서로 다른 장면의 상호작용을 시뮬레이션하고 연결하여, 동영상 콘텐츠의 장면이 더욱 부드럽고 자연스럽게 전환되도록 합니다.

요컨대 Sora는 실내에서 실외로 또는 낮에서 밤으로 전환되는 장면을 정확하게 시뮬레이션하여 사용자에게 일관되고 완벽한 시각적 경험을 제공하고, 캐릭터의 움직임, 표정, 장면의 레이아웃, 빛과 그림자 등 모든 것을 정확하게 파악하여 놀라운 시각 효과를 선사합니다. 이처럼 디테일의 극치를 추구하여 Sora는 동영상 제작 분야에서 독보적인 존재가 됐습니다.

복잡한 장면과 캐릭터를 생성하는 Sora의 기능은 동영상 생성 분야에 무한한 가능성을 제공합니다. Sora는 흥미롭고 사실적인 가상 세계를 만드는 뛰어난 능력으로 영화 제작, 광고 제작, 게임 개발 등 어떤 분야에서든 사용자에게 강력한 지원을 제공합니다.

2.2.6 멀티 카메라 생성 기능: 풍부한 시각적 향연 선사

Sora에는 하나의 샘플에서 한 캐릭터의 여러 샷을 생성하는 기능이 있습니다. 한 캐릭터의 외모, 움직임, 표정을 동영상에서 일관되게 유지할 수 있으며, 이는 하나의 캐릭터를 표현하기 위해 여러 각도와 장면이 필요한 동영상을 제작할 때 특히 중요한 기능입니다.

Sora의 멀티 카메라 생성 기능은 영화 예고편, 애니메이션 제작, 여러 시점이 필요한 장면에 특히 유용합니다. 사용자는 Sora를 통해 여러 샷을 유연하게 전환하여 캐릭터의 다양한 모습과 행동을 보여주면서도, 전체 시각 효과의 일관성과 일치성을 유지할 수 있습니다(그림 2-22). 이와 같은 멀티 카메라 생성 기술은 영상 제작의 효율성과 유연성을 높일 뿐만 아니라, 시청자에게 더욱 풍부하고 다양한 시각적 경험을 선사합니다.

영화의 예고편을 제작할 때 Sora의 멀티 카메라 생성 기능은 긴장감과 궁금증을 유발하는 여러 샷을 빠르게 생성하여 관객을 영화에 몰입하게 합니다. 애니메이션 제작 분야에서 Sora는 영상의 여러 각도, 다양한 시점의 샷을 쉽게 생성하여 애니메이션 캐릭터와 장면을 더욱 생생하고 입체적으로 만듭니다. Sora의 활용은 동영상 제작 주기를 단축할 뿐만 아니라 작품의 품질을 올려 좋은 반응을 이끌어냅니다.

PROMPT >_ The story of a robot's life in a cyberpunk setting.

사이버 펑크 환경 속 로봇의 삶에 대한 이야기

그림 2-22 **로봇의 다양한 샷**

즉, Sora의 멀티 카메라 생성 기능은 영상 제작 분야에 혁신을 가져왔으며, 사용자는 전례 없는 방식으로 캐릭터와 스토리를 표현하여 시청자에게 더욱 멋지고 풍부한 시각적 향연을 선사할 수 있게 됐습니다. 기술이 계속 발전함에 따라 Sora는 앞으로 영상 제작에서 더욱 중요한 역할을 할 것입니다.

더 나아가기 대체로 Sora의 이와 같은 강력한 기능은 다음과 같은 유망한 경로를 보여줍니다. 동영상 모델의 규모와 성능을 지속적으로 확장하고 개선함으로써 물리 세계와 디지털 세계를 모두 고도로 시뮬레이션할 수 있는 고급 시뮬레이터가 개발될 것으로 예상됩니다. 이와 같은 시뮬레이터는 실제 사물, 동물, 사람을 정확하게 재현할 수 있을 뿐만 아니라 다양한 환경에서의 행동, 상호작용, 진화 등을 심도 있게 시뮬레이션할 수 있을 것입니다.

이는 현실 세계의 복잡한 시스템을 연구하고, 미지의 영역의 가능성을 탐구하여 더욱 풍부하고 몰입감 넘치는 가상 경험을 제작할 수 있는 완전히 새로운 관점과 도구를 제공할 것입니다. AI 기술이 지속적으로 발전함에 따라 동영상 모델링의 미래는 물리 세계와 디지털 세계를 모두 시뮬레이션하는 데 더욱 큰 성공을 거둘 것이라고 예상할 수 있습니다.

2.3 Sora가 직면한 한계와 과제

최첨단 기술을 탐구하는 과정에서 우리는 필연적으로 다양한 한계와 도전에 직면하게 됩니다. 오픈AI의 Sora는 동영상 제작 분야에서 인상적인 발전을 이루어 전문가와 아마추어 모두 고품질 동영상을 쉽게 제작할 수 있는 환경을 만들었지만, 다양한 기술적 한계에 직면해 있는 것도 사실입니다. 이번 절에서는 Sora가 직면한 여러 가지 기술적 및 실전적 한계를 간략하게 살펴보겠습니다.

이와 같은 한계는 알고리즘 자체의 복잡성, 데이터 처리 능력의 병목 현상, 사용자 경험과 관련된 다양한 문제에서 비롯됩니다. 하지만 이러한 문제가 바로 AI 동영상 생성 기술의 지속적인 발전과 혁신을 이끄는 원동력이라고 할 수 있습니다. Sora가 직면한 한계와 과제를 자세히 살펴봄으로써 AI 동영상 생성 기술의 한계를 이해하고 향후 발전 방향을 알아봅시다.

2.3.1 물리 세계 시뮬레이션의 한계

Sora는 상당히 복잡한 동적 장면을 생성하는 능력은 입증했지만, 물리 세계 시뮬레이션의 정확도 측면에서는 여전히 여러 가지 한계가 있습니다.

예를 들어 유리잔이 깨지는 것과 같은 물리적 상호작용을 다룰 때, 실제 물리적 효과를 완벽하게 재현할 만큼 정확하게 시뮬레이션하기는 어렵습니다(그림 2-23). 마찬가지로, 먹는 동작과 같은 상호작용을 처리할 때 물체의 상태가 부정확하게 변하는 경우가 있습니다.

그림 2-23을 보면 유리잔이 깨지기도 전에 벌써 유리잔 속의 빨간색 액체가 흘러나옵니다. 실제 상황에서는 유리잔이 깨져야만 유리잔 속의 액체가 흘러나오기 때문에 이는 물리 세계의 기존 논리를 명백히 거스르는 것입니다.

이와 같은 한계의 주된 이유는 현재 Sora의 학습 데이터셋에 관련 예시가 충분하지 않기 때문입니다. 즉, 과도하게 복잡한 물리적 현상을 모델이 완전히 학습하고 이해하기가 어려운 것이죠. 이 문제를 극복하기 위해 두 가지 전략을 세울 수 있습니다.

정교한 물리적 상호작용 시뮬레이션

PROMPT > a glass filled with red liquid and ice was knocked over, and the red liquid spilled on the table.

빨간색 액체와 얼음이 담긴 유리잔을 넘어뜨려 테이블에 빨간색 액체를 엎지릅니다.

그림 2-23 **깨진 유리잔**

첫째, 훈련 데이터셋을 증강하는 것입니다. Sora팀은 Sora의 학습 샘플을 풍부하게 하기 위해 복잡한 물리적 상호작용이 들어간 고품질 동영상 데이터를 더 많이 추가해야 합니다. 더욱 다양한 장면과 물리적 현상을 최대한 많이 추가하여 모델이 물리 세계의 다양한 디테일과 변화 과정을 더 잘 이해하고 시뮬레이션하도록 합니다.

둘째, 물리 엔진을 통합합니다. Sora의 프레임워크에 물리 엔진을 통합하면 모델이 동영상을 생성할 때 물리 규칙을 참조할 수 있어 물리적 상호작용의 리얼리티를 높일 수 있습니다. 물리 엔진은 정확한 역학 계산과 시뮬레이션 기능을 제공하여, 복잡한 물리적 장면을 처리할 때 더욱 정확하고 사실적으로 구현할 수 있습니다. 이는 Sora의 물리 세계 시뮬레이션 능력을 더욱 향상하고, 복잡한 시나리오와 요구사항에 더 잘 적응할 수 있도록 도와줍니다.

물론 모든 제품의 초기 단계에는 이런 저런 결함과 부족함이 있을 수밖에 없습니다. 이에 Sora 팀은 샘플을 오랜 시간 실행할 때 발생할 수 있는 불일치성이나, 장면에 갑자기 물체가 나타나는 기이한 현상 등 자주 발생하는 몇 가지 오류[2]를 Sora의 홈페이지에 자세히 적었습니다. 이는 사용자가 Sora를 사용하기 전에 Sora의 한계를 전반적으로 이해하도록 하기 위함이며, 사용자의 피드백을 통해 문제를 더 잘 파악하고 제품을 개선하기 위한 것이기도 합니다.

2.3.2 길이가 긴 동영상 생성의 어려움

긴 동영상을 생성할 때의 주요 과제는 긴 시간 동안 일치성을 유지하도록 하는 것입니다. 동영상의 길이가 길어질수록 인물, 사물, 배경 간의 일관성과 논리적 일치성을 지키는 것이 특히 까다로워집니다.

경우에 따라 인물의 의상이 갑자기 이상하게 바뀌거나, 배경의 사물 위치가 자연스럽지 않게 이동하거나 바뀌는 등 동영상 세그먼트video segment가 일치하지 않을 수 있습니다. 예를 들어 예시 30의 동영상에서 의자는 명백한 이상 현상을 보입니다(그림 2-24).

이 예시에서 Sora는 의자와 같은 강체rigid body[3] 오브젝트를 처리할 때 현저한 결함을 보입니다. Sora는 형태가 고정되어 변하지 않는 특성을 가진 강체 오브젝트로 의자를 정확하게 모델링하지 못하기 때문에, 물리적 상호작용 행위를 시뮬레이션할 때 상당히 부정확해 보입니다. 외부의 힘을 받을 때 의자가 부자연스럽게 변형되는 장면이나 다른 물체와 상호작용할 때 물리 규칙에 부합하지 않는 장면에서 부정확성을 확인할 수 있습니다.

향후 버전에서는 강체 오브젝트 모델링 기능을 강화하여, 물리 세계를 시뮬레이션할 때 오브젝트의 실제 움직임과 상호작용 효과를 더욱 정확하게 재현하도록 개선해야 합니다.

2　[옮긴이] 복잡한 장면의 물리학 시뮬레이션에 어려움이 있으며, 원인과 결과를 이해하지 못할 수 있습니다(예: 캐릭터가 쿠키를 깨물어도 쿠키에 자국이 나타나지 않을 수 있음). 또한 왼쪽과 오른쪽을 구분하는 등 프롬프트에 표현된 공간적 디테일을 혼동하거나, 특정 카메라 움직임과 같이 시간에 따라 일어나는 이벤트 묘사에 어려움을 겪을 수 있습니다. https://openai.com/index/sora/
3　[옮긴이] 힘을 가해도 모양과 부피가 변하지 않는 물체를 말합니다.

예시 30 🔊 **논리적 일치성 유지의 어려움**

PROMPT >_ Archeologists discover a generic plastic chair in the desert, excavating and dusting it with great care.

고고학자들은 사막에서 평범한 플라스틱 의자를 발견하고, 조심스럽게 발굴하여 먼지를 털어냅니다.

그림 2-24 **사막에서 발견된 플라스틱 의자**

Sora는 경우에 따라 물리적 모델링이 정확하지 않을 뿐만 아니라, 물체의 형태가 변할 때 부자연스러운 왜곡 현상을 보이기도 합니다. 특히 물체 간의 상호작용이나 물체 자체의 움직임 변화를 모델링할 때, 현실의 물리 규칙을 정확하게 반영하지 못할 때가 있습니다(그림 2-25). 이로 인해 물체가 외부의 힘을 받을 때 비현실적으로 움직이거나 형태가 바뀌는 과정에서 일관성 없이 갑작스럽게 튀어오르는 등의 문제가 나타나기도 합니다.

예시 31 🎬 **현실의 물리 규칙 처리의 어려움**

PROMPT >_ Basketball through hoop then explodes.

농구공이 골대를 통과한 후 폭발합니다.

그림 2-25 **골대를 통과한 농구공의 폭발**

Sora는 다음의 전략을 통해 물리적 모델링의 정확성을 높이고, 물체의 형태가 자연스럽게 바뀌도록 개선해야 합니다.

첫째, 모델의 시간적 연속성과 논리적 일치성에 대한 학습 능력을 향상해야 합니다. 학습 알고리즘을 개선하여 Sora의 동영상 콘텐츠가 시간 차원에서의 일관성을 더 잘 이해할 수 있도록해야 하고, 생성 과정에서 이와 같은 일치성을 유지하는 방법을 학습시켜 동영상의 움직임 변화를 더 정확하게 포착하고 모델링하도록 합니다.

둘째, 직렬화serialization 처리를 합니다. 이는 동영상 일치성 문제를 해결하는 효과적인 방법으로, 동영상 생성 과정에서 각 프레임을 시간 순서대로 처리하는 프레임 단위 생성 방식입니다. 동영상의 각 프레임이 전후 프레임과 일치성을 유지하게 하여 물체가 튀어오르는 상황이나 앞뒤가 모순되는 상황을 방지할 수 있습니다.

2.3.3 복잡한 프롬프트의 이해도

Sora는 간단한 텍스트 명령을 해석하고 그에 따라 영상을 생성하는 능력은 뛰어나지만, 복잡하고 여러 의미를 가지거나 특정 장면을 정밀하게 묘사하는 프롬프트에는 여전히 약한 모습을 보입니다. 이와 같은 한계 때문에 창의적인 콘텐츠를 생성할 때는 제약이 있을 수 있습니다.

프롬프트가 매우 복잡하면 물체와 여러 캐릭터 간의 복잡한 상호작용을 시뮬레이션하는 것이 어렵습니다. 즉, 상호작용의 복잡성 때문에 Sora는 각 개체의 움직임과 상호작용을 정확하게 포착하고 시뮬레이션하는 데 어려움을 겪으며, 예상치 못한 재밌는 결과물을 만들어내기도 합니다. 예를 들면 논리에 맞지 않게 움직이는 물체나 우스꽝스럽게 행동하는 인물 캐릭터를 만들어내기도 합니다(그림 2-26).

그림 2-26을 보면 Sora가 상세하고 복잡한 프롬프트를 처리하는 걸 어려워한다는 것을 알 수 있습니다. 할머니의 의상, 케이크의 모양, 배경의 다른 인물, 전체적인 분위기와 시점 등 많은 디테일이 포함된 프롬프트인데, 모든 요소를 하나의 동영상에 통합하려면 모델은 높은 수준의 언어 이해도와 동영상 생성 능력을 갖추어야 합니다.

예시 32 ▶ 매우 복잡한 프롬프트로 인한 엉뚱한 결과 생성

PROMPT >

A grandmother with neatly combed grey hair stands behind a colorful birthday cake with numerous candles at a wood dining room table, expression is one of pure joy and happiness, with a happy glow in her eyes. She leans forward and blows out the candles with a gentle puff, the cake has pink frosting and sprinkles and the candles cease to flicker, the grandmother wears a light blue blouse adorned with floral patterns, several happy friends and family sitting at the table can be seen celebrating, out of focus. The scene is beautifully captured, cinematic, showing a 3/4 view of the grandmother and the dining room. Warm color tones and soft lighting enhance the mood.

나무 식탁에는 초가 많이 꽃힌 화려한 생일 케이크가 놓여 있고, 그 뒤에 단정하게 백발을 빗어 넘긴 할머니가 서 있습니다. 할머니의 반짝이는 눈과 표정은 기쁨과 행복으로 가득 차 있습니다. 할머니는 앞으로 몸을 숙이고 부드럽게 바람을 불어 촛불을 끕니다. 케이크는 분홍색 아이싱과 스프링클로 장식되어 있고, 촛불의 흔들림이 멈춥니다. 하늘색 꽃무늬 블라우스를 입고 있는 할머니와, 친구들과 가족들이 식탁에 둘러 앉아 행복한 모습으로 할머니의 생일을 축하하는 모습이 아웃포커스로 보입니다. 이 장면은 시네마틱하고 아름답게 찍혔습니다. 할머니와 다이닝룸은 3/4 뷰로 보입니다. 따뜻한 색조와 부드러운 조명이 분위기를 돋보이게 합니다.

그림 2-26 **생일을 축하하는 따뜻한 가족**

현재 모델은 이와 같은 수준의 복잡성을 처리하는 데 한계가 있습니다. 프롬프트의 모든 디테일을 캐치하거나 통합하는 데 어려움을 겪으며 생성된 동영상과 프롬프트 간에 불일치하거나 누락이 발생할 수 있습니다. 이를 개선하려면 두 가지 방법을 고려해볼 수 있습니다.

첫째, 언어 모델의 복잡도와 정확성을 높이는 것입니다. Sora에 내장된 언어 이해 모듈을 최적화하면 텍스트 해석 능력을 향상해 복잡한 텍스트 명령의 핵심 정보와 뉘앙스를 좀 더 정확하게 캐치할 수 있습니다. 이는 프롬프트 자체에 대한 모델의 이해도를 높일 뿐만 아니라, 동영상 생성 시 텍스트 명령의 디테일과 의도를 더욱 정확하게 구현하는 데 도움이 됩니다.

둘째, 최신 텍스트 전처리 프로세스를 도입하는 것입니다. 복잡한 텍스트 명령을 모델이 이해하기 쉽도록 간단하게 하위 작업으로 세분화하면 Sora의 처리 난도를 효과적으로 낮출 수 있습니다. 이와 같은 분할 정복divide and conquer[4] 전략을 통해 모델은 하위 작업을 하나씩 세분화한

4　[옮긴이] 커다란 문제를 작은 문제로 분할하여 해결하는 방법이나 알고리즘입니다.

다음, 유기적으로 통합하여 하나의 완전한 동영상으로 만듭니다. 이 방법은 동영상 생성의 효율과 정확도를 높일 뿐만 아니라 콘텐츠의 일관성과 일치성을 유지하는 데도 도움이 됩니다.

2.3.4 모델 훈련의 복잡성

매우 복잡한 모델인 Sora를 훈련시키는 것이 어렵다는 점도 무시할 수 없는 과제입니다. 모델 자체에 포함된 매개변수와 처리해야 할 데이터의 양이 방대하고, 학습 알고리즘이 높은 수준의 최적화와 안정성을 갖춰야 하기 때문입니다. 또한 Sora의 복잡성은 시뮬레이션하고 학습해야 하는 여러 복잡한 현상과 상호작용에도 반영되어 있어, 학습 프로세스에 대한 요구 수준이 높습니다.

사용자는 예시 33과 같이 프롬프트를 써서 일관되고 사실적인 달리기 장면을 생성하기를 기대하지만 기대에 부합하지 않는 동영상이 생성될 수 있습니다. 복잡한 액션 장면을 처리할 때 물리적으로 불가능한 동작을 생성하는 경우가 있기 때문입니다(그림 2-27).

예시 33 ◀ 모델 훈련의 복잡성

PROMPT >_ Step-printing scene of a person running, cinematic film shot in 35mm.
달리는 사람의 스텝프린팅, 35mm 시네마틱 필름 샷

그림 2-27 **35mm 시네마틱 러닝 장면**

이와 같은 약점은 모델 훈련의 복잡성에서 기인합니다. 달리기와 같은 액션 장면을 정확하게 시뮬레이션하고 생성하려면 인체운동학, 근육동역학, 중력 등 물리적 요소가 인체의 움직임에 미치는 영향을 깊이 이해해야 합니다. 이처럼 미묘하지만 중요한 디테일을 캐치하려면 많은 양의 데이터와 복잡한 알고리즘이 필요합니다.

게다가 충분한 데이터와 정교한 알고리즘이 있더라도 인체의 움직임을 완벽하게 시뮬레이션하도록 모델을 훈련하는 것은 큰 도전입니다. 인체의 움직임은 매우 복잡하고 비선형적이며, 여러 관절과 근육을 함께 움직여야 하기 때문입니다. 또한 사람마다 달리기를 할 때 독특한 스타일과 리듬을 가지고 있기 때문에 시뮬레이션을 더욱 어렵게 합니다.

따라서 달리기와 같은 복잡한 동작을 생성할 때 물리적, 생체역학적 요인에 대한 심층적인 이해가 부족하여 부자연스러운 동작을 생성할 수 있습니다. 뻣뻣하고 일관성이 없어 보이거나 물리법칙을 위반하여 만들어진 장면은 사실성과 신뢰도를 떨어뜨릴 수 있습니다. 이와 같은 문제를 극복하기 위해서는 효과적인 전략이 필요합니다.

첫째, 인체의 움직임과 물리적 상호작용에 대한 모델의 이해도를 높이는 데 더 집중합니다. 고급 물리 엔진을 도입하고, 사람의 움직임을 시뮬레이션히는 데만 사용되는 알고리즘을 개발하고, 실제 사람의 움직임 데이터를 수집하여 모델을 학습하는 등의 방법이 있습니다.

둘째, 분산 훈련 기법으로 훈련 작업을 여러 컴퓨팅 노드로 나눠 병렬처리하게 하여 훈련 속도를 높이고 모델의 확장성을 개선합니다.

셋째, 하이퍼 매개변수 튜닝 자동화 도구를 활용하여 모델의 훈련 구성을 최적화함으로써 수동으로 매개변수를 튜닝하는 수고를 줄이고 훈련 결과를 높입니다.

넷째, 고급 훈련 알고리즘과 정규화 기법을 도입하여 모델의 일반화 능력과 안정성을 향상합니다.

다섯째, 훈련 데이터의 품질과 다양성에 주력합니다. 고품질 학습 데이터는 모델의 훈련 효과와 일반화 능력을 향상하며, 다양한 데이터는 모델이 더 풍부한 특징과 패턴을 학습하는 데 도움이 됩니다.

여섯째, 학습 데이터를 늘립니다. 더 많은 훈련 샘플, 특히 복잡한 장면과 디테일이 포함된 비슷한 샘플들을 제공하면 모델이 이와 같은 특징을 더 잘 학습하고 이해할 수 있으며, 유사한 프롬프트를 처리할 때 모델의 성능을 높이는 데 도움이 됩니다.

일곱째, 모델 아키텍처를 개선합니다. 심층 신경망deep neural network, DNN 구조를 사용하거나 어텐션 메커니즘attention mechanism[5]을 도입하거나 다른 고급 기술을 채택하는 등 복잡한 이미지의 디테일을 더 잘 캐치하고 처리할 수 있는 고급 모델 아키텍처를 연구하고 개발합니다.

2.3.5 동영상 생성의 적시성 향상

생성한 동영상의 적시성 문제는 Sora가 직면한 주요 과제 중 하나입니다. 실제로 Sora를 활용할 때 사용자는 완성된 동영상을 빠르게 받기를 기대합니다. 그러나 Sora 모델의 복잡성과 많은 연산을 요구하는 것 때문에 동영상 생성에 꽤 오랜 시간이 걸릴 수 있습니다. 시간 지연은 사용자 경험user experience, UX에 영향을 미치고, 즉각적인 피드백이 필요한 상황에서는 Sora를 활용하지 않게 됩니다.

결국 Sora는 많은 개체가 있는 복잡한 장면을 처리할 때 동물이나 인물이 갑작스럽게 등장하거나 예기치 않게 움직이지 않도록 주의하고, 자연스럽게 행동하도록 해야 합니다(그림 2-28).

이러한 문제는 정적 이미지와 달리 일련의 연속된 프레임으로 구성된 동영상 생성 자체의 복잡성에서 비롯된 문제입니다. 모델은 정확하게 계산하고 렌더링해서 각 프레임에서 개체 간의 상호작용과 움직임이 시간과 공간에 따라 일관성을 유지하도록 해야 합니다. 다섯 마리의 새끼 늑대가 서로를 쫓으며 장난을 치는 것처럼 장면에 여러 개체가 있는 경우, 모델이 개체의 움직임, 위치, 상호작용을 동시에 처리해야 하므로 계산의 복잡도와 시간 비용이 크게 증가합니다.

동영상 생성의 적시성을 개선하려면 생성 품질을 유지하면서 모델의 계산 효율과 렌더링 속도를 최적화해야 합니다. 더 효율적인 알고리즘을 채택하거나, 모델 구조를 최적화하거나, 더 강력한 컴퓨팅 리소스를 활용하는 방법이 있습니다.

동시에 Sora의 동영상 생성 속도를 높이기 위해 생성 프로세스에서 병렬화와 분산 컴퓨팅을 구현하는 방법도 고려해야 합니다.

---

5   옮긴이 인간의 주의집중(attention)을 모방하여 중요한 입력 부분을 다시 참고하는 머신러닝 기법을 말합니다.

PROMPT >_ Five gray wolf pups frolicking and chasing each other around a remote gravel road, surrounded by grass. The pups run and leap, chasing each other, and nipping at each other, playing.

다섯 마리의 회색늑대 새끼들이 풀로 둘러싸인 외딴 자갈길에서 서로를 쫓으며 뛰어놀고 있습니다. 새끼 늑대들은 서로를 쫓고 물고 뛰면서 놀고 있습니다.

그림 2-28 **외딴 도로에서 장난치는 새끼 늑대**

첫째, Sora 모델의 연산 효율을 최적화하는 것이 중요합니다. 모델 구조를 파인 튜닝하고, 불필요한 계산 단계를 줄임으로써 모델의 실행 속도를 개선하여 동영상 생성 시간을 줄일 수 있습니다. 또한 더 효율적인 알고리즘과 병렬처리 기술을 도입하는 것도 연산 효율성을 높이는 효과적인 방법입니다.

둘째, 하드웨어 가속 기술 도입을 고려합니다. 그래픽 처리 장치graphic processing unit, GPU나 전용 가속 장치와 같은 고성능 컴퓨팅 리소스를 사용하면 Sora 모델의 연산 능력을 크게 향상할 수 있으며, 이를 통해 동영상 생성 속도를 높일 수 있습니다. 이와 같은 하드웨어 수준의 최적화는 Sora의 실제 활용에서 응답 속도를 크게 높일 수 있습니다.

> **더 나아가기** GPU란 대량의 데이터를 효율적으로 병렬처리하도록 설계된 처리 장치로, 이미지 렌더링과 복잡한 연산 작업을 수행하는 데 쓰입니다. GPU의 기능에는 컴퓨터 시스템의 데이터를 모니터에 나타낼 수 있는 그래픽이나 이미지로 변환하는 것, 수학 계산과 기하학 계산을 처리하고 수행하는 것 등이 있습니다.

셋째, 비동기 생성 기술과 스트리밍 처리 기술을 살펴봅니다. 동영상 생성 과정을 여러 단계로 나누고, 단계 간 병렬처리를 하게 하여 동영상 콘텐츠를 단계별로 생성하고 스트리밍할 수 있습니다. 전체 과정이 완료된 후 영상을 보는 것이 아니라 생성 과정 중에도 결과물을 단계별로 볼 수 있어 사용자의 대기 시간을 줄일 수 있습니다.

현재 Sora에는 다양한 문제점이 있지만, 지금까지 Sora가 보여준 기능을 봤을 때 동영상 모델은 분명 지속적으로 발전할 것입니다. Sora는 미래에 더욱 성숙하고 강력해져 물리 세계와 디지털 세계의 다양한 현상과 상호작용을 더 정확하게 시뮬레이션하고, 더욱 풍부하고 사실적인 가상 경험을 선사할 것입니다.

MEMO

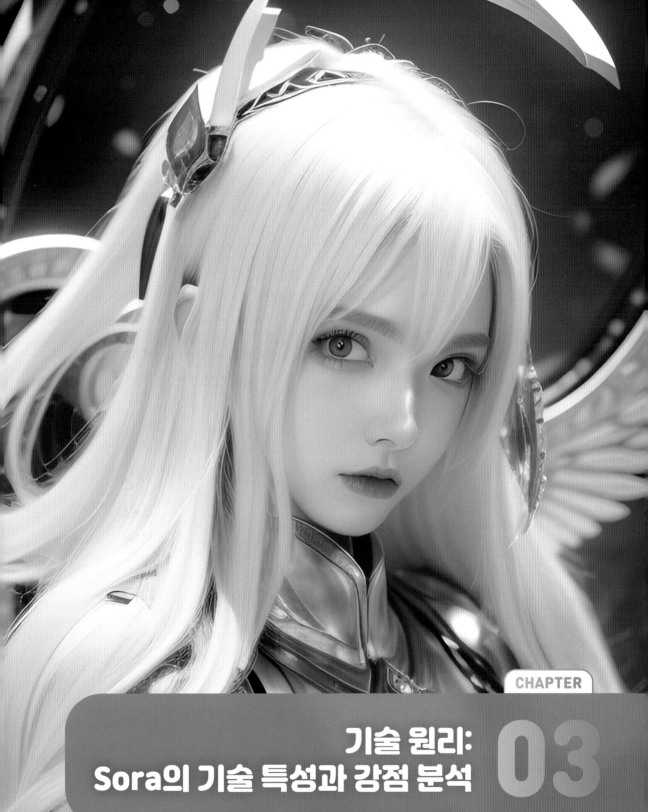

기술 원리:
Sora의 기술 특성과 강점 분석

오픈AI의 Sora 동영상 생성 모델은 출시 이후 강력한 기술적 특성과 장점으로 널리 주목받았습니다. 이번 장에서는 Sora의 기술 특성과 장점을 깊이 있게 분석하고, 이면에 있는 기술 원리와 구현 방식을 탐구합니다. Sora에 대한 심층적인 분석을 통해 AI 동영상 분야에서의 혁신을 더 잘 이해하고, 다른 관련 분야의 기술 발전과 응용 확대에 유용한 참고와 지침이 될 것입니다.

Sora의 기술 원리 분석

Sora는 단편 동영상 창작의 새로운 시대를 이끄는 AI 도구로, 단순한 창작 플랫폼이 아니라 첨단 알고리즘과 모델 아키텍처가 집성된 하나의 복잡한 시스템입니다. 이번 절에서는 Sora의 기본적인 기술 원리를 소개하여 Sora를 포괄적이고 심도 있게 이해해봅니다.

3.1.1 Sora는 어떻게 텍스트로 콘텐츠를 생성하는가: 확산 모델

Sora는 확산 트랜스포머diffusion transformer, DiT를 기반으로 한 아키텍처를 사용합니다. 이 모델은 동영상에서 노이즈를 점진적으로 제거하여 동영상을 생성합니다. 즉, 처음에는 정적 노이즈처럼 보이는 동영상 클립으로 시작한 다음, 여러 단계를 거쳐 노이즈를 조금씩 제거하여, 최종적으로 동영상을 랜덤 픽셀에서 선명한 이미지로 변환합니다.

우리는 Sora의 등장으로 완전히 새로운 방식으로 동영상을 생성할 수 있게 됐습니다. 확산 모델diffusion model의 일종인 Sora는 주어진 노이즈 패치에서 원본의 선명한 동영상 프레임을 예측할 수 있습니다. 이와 같은 특성으로 Sora는 동영상 처리 및 생성 분야에서 광범위하게 활용될 전망입니다(그림 3-1).

그림 3-1 **Sora는 주어진 노이즈 패치에서 원본의 선명한 동영상 프레임 예측 가능**

주목할 점은 Sora가 단순한 확산 모델이 아니라 DiT라는 것입니다. 트랜스포머transformer는 강력한 딥러닝 아키텍처로 이미 언어 모델링, 컴퓨터 비전, 이미지 생성 등 다양한 분야에서 뛰어난 성능을 보여주었습니다. 확산 모델과 트랜스포머를 결합한 Sora는 동영상 생성 측면에서 더 강력한 확장성과 유연성을 갖추게 되었습니다.

트랜스포머는 딥러닝 모델 아키텍처의 한 종류로, NLP 분야에서 특히 눈에 띄는 성과를 거두었습니다. 트랜스포머의 핵심 아이디어는 셀프 어텐션 메커니즘(self-attention mechanism)을 통해 입력 데이터의 의존 관계를 포착하여 입력 데이터를 효과적으로 표현하는 것입니다.

NLP 작업에서 복잡한 언어 구조를 이해하고 생성하는 것이 가능하므로 기계 번역, 텍스트 요약, 대화 생성 등 다양한 작업을 수행할 수 있습니다. 트랜스포머 모델은 NLP 외에도 컴퓨터 비전, 이미지 생성과 같은 다른 분야에도 널리 적용되고 있습니다. 이러한 분야에서 이미지의 공간 의존성(spatial dependency)을 포착하여 이미지를 효과적으로 표현하고 생성합니다.

Sora가 DiT 아키텍처를 사용한다는 것은 확산 모델과 트랜스포머의 장점을 결합하여, 랜덤 노이즈에서 점진적으로 의미 있는 이미지나 동영상 콘텐츠를 생성할 수 있다는 것을 의미합니다. 즉, Sora 모델은 훈련에서 주어진 노이즈 패치에서 원본의 선명한 동영상 프레임을 예측하는 방법을 학습하여, 동영상 생성 분야에서의 강력한 잠재력을 보여주고 있습니다.

각 훈련 단계의 동영상 샘플을 비교해보면 Sora 모델이 훈련 과정에서 점차 기선되는 것을 알 수 있습니다(그림 3-2). 계산 리소스가 증가함에 따라 Sora가 생성한 동영상 샘플의 품질은 크게 향상됩니다. 이는 동영상 생성 분야에서 Sora라는 확산 모델이 가진 강력한 잠재력과 활용 가치를 충분히 입증합니다.

즉, Sora는 텍스트로 조건화된 확산 모델을 사용하여 콘텐츠를 생성합니다. 스케치북의 낙서를 상상해보세요. 처음에는 아무 의미 없는 지저분한 선들이었지만, '강아지'라는 주제를 정하고 선을 정리하면 명확한 강아지 형상이 나타납니다.

마찬가지로 Sora는 랜덤 노이즈 동영상으로 시작하여 텍스트 프롬프트(예: 눈 위의 강아지)에 따라 점진적으로 수정하고, 동영상과 이미지 데이터 지식을 활용하여 노이즈를 제거하면서 텍스트 설명과 가까운 콘텐츠를 생성합니다. 이 과정은 한 번에 이루어지지 않고 수백 번의 점진적인 단계를 거쳐, 최종적으로 텍스트와 일치하면서도 각기 다른 장면을 담은 동영상을 생성합니다.

기본 컴퓨팅(base compute)

4배 컴퓨팅(4x compute)

32배 컴퓨팅(32x compute)

그림 3-2 훈련 과정 중 점차 개선되는 Sora 모델

Sora는 LLM에서 영향을 받았는데, 이와 같은 모델들은 인터넷 규모의 데이터를 훈련하여 범용 능력[1]을 얻습니다. LLM 패러다임의 성공은 토큰token 덕분이기도 합니다. 토큰은 코드, 수학, 자연어 등 텍스트의 여러 양식의 데이터를 조합하여 모델이 쉽고 효율적으로 데이터를 처리하고 이해할 수 있도록 합니다.

LLM이 텍스트 토큰을 사용하는 것과 달리, Sora 모델은 비주얼 패치visual patch(또는 비주얼 블록 visual block)를 데이터 표현 방식으로 사용합니다. 패치patch는 이미지나 동영상을 처리하기 쉽도록 더 작게 분해할 수 있는 특정한 데이터 구조입니다. 이전 연구에서 패치가 시각 데이터 모델의 효과적인 표현 방식임이 입증됐는데, 이는 이미지의 일부 특징과 구조를 포착하면서도 전체의 정보를 유지할 수 있기 때문입니다.

그렇다면 동영상을 어떻게 패치로 변환할까요? 먼저, 동영상을 압축합니다. 여기서 압축은 동영상의 파일 크기를 줄이는 것이 아니라, 더 낮은 차원의 잠재 공간으로 매핑하는 것을 뜻합니다. 잠재 공간은 동영상의 주요 특징을 캐치하면서 동시에 중복과 노이즈를 제거할 수 있습니다. 이러한 방법을 통해 복잡한 동영상 데이터를 더 간단하고 처리하기 쉽게 변환할 수 있습니다.

다음으로, 저차원 표현을 시공간 패치time-space patch로 분해합니다. 즉, 시간과 공간상의 작은 패치들로 동영상을 분해하며, 각 패치는 특정 시간과 위치의 동영상 정보를 가집니다(그림 3-3). 이와 같은 분해 방식을 통해 모델이 전체 동영상 프레임이 아닌 각 패치를 처리하는 데 집중할 수 있기 때문에 동영상 콘텐츠를 더 잘 이해하고 생성할 수 있습니다.

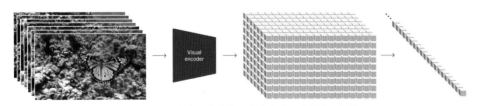

그림 3-3 **동영상을 시간과 공간상의 작은 패치들로 분해**

---

1 [옮긴이] 아직 보지 못한 새로운 데이터에서도 문제를 올바르게 풀어내는 능력을 말합니다.

비주얼 인코더(시각 인코더)visual encoder는 동영상을 시공간 패치로 변환하는 과정에서 중요한 역할을 합니다. 비주얼 인코더의 주요 작업은 원본 동영상 데이터에서 의미 있는 정보를 추출하여, 모델이 이해하고 처리할 수 있는 형식으로 변환하는 것입니다. 비주얼 인코더는 합성곱 신경망convolutional neural network, CNN이나 트랜스포머 모델과 같은 딥러닝 기술을 사용하여 이 작업을 수행합니다.

> **더 나아가기** CNN은 합성곱 연산(convolution operation)을 포함한 심층 구조의 순방향 신경망(feedforward neural network, FNN)으로, 딥러닝의 대표적인 알고리즘입니다. CNN은 특징을 학습하는 능력을 가지고 있고, 입력 정보를 계층 구조에 따라 평행 이동시키고 불변 분류할 수 있어 '평행 이동 불변 인공 신경망'이라고도 불립니다. CNN은 특히 이미지, 동영상, 오디오와 같은 그리드 구조의 데이터를 처리하는 데 적합합니다.

3.1.3 Sora는 어떻게 일관된 동영상 시퀀스를 생성하는가: 순환 신경망

Sora는 대규모 훈련을 기반으로 한 생성 모델로, Sora의 기술은 동영상 압축 네트워크, 시공간 패치 추출 등 여러 측면을 포함합니다. 세부적으로 Sora는 순환 신경망recurrent neural network, RNN과 장단기 메모리long short-term memory, LSTM를 핵심 기술로 사용합니다.

RNN은 일종의 특수한 신경망 구조로, 주로 텍스트, 음성, 시계열 데이터 등 시퀀스 데이터를 처리하는 데 사용됩니다. RNN은 시퀀스 데이터를 입력으로 받아 시퀀스의 진행 방향으로 재귀recursion를 수행하며, 모든 노드(순환 유닛recurrent unit)는 체인 구조로 연결됩니다.

> **더 나아가기** RNN은 기억성, 매개변수 공유, 튜링 완전성(Turing completeness)[2] 등의 특성을 가지고 있어, 시퀀스의 비선형 특성을 처리하는 데 강점이 있습니다.
>
> RNN의 구조에는 순환 유닛과 은닉 레이어가 있습니다. 순환 유닛은 현재 시점의 입력 데이터와 이전 시점의 은닉 레이어를 받으며, 은닉 레이어는 현재 시점의 출력과 다음 시점의 은닉 레이어에 동시에 영향을 미칩니다.

---

2 [옮긴이] 어떤 프로그래밍 언어나 기계가 튜링 머신과 동일한 계산 능력을 가지고 있음을 말합니다.

LSTM은 RNN 기법의 하나로, 주로 시퀀스 데이터를 처리하고 예측하는 모델에 사용되며, 기존 RNN의 장기 의존성 문제를 효과적으로 해결합니다. LSTM은 메모리 셀로 이 문제를 해결하며, 이 메모리 셀은 이전 정보를 기억하고 필요할 때 이를 사용할 수 있습니다.

RNN은 전후 상관성과 순차성을 처리할 수 있어, 일관된 동영상 시퀀스를 생성할 수 있습니다. Sora가 RNN을 사용하여 일관된 동영상 시퀀스를 생성하는 단계는 다음과 같습니다.

1. **텍스트 조건 확산 모델의 조인트 훈련**

   Sora는 텍스트 조건 확산 모델과 공동 훈련을 실시했습니다. 이는 모델이 다양한 영상 길이, 해상도, 화면비의 동영상과 이미지를 처리할 수 있음을 의미합니다. 공동 훈련 방식을 통해 Sora는 사용자의 텍스트 설명에 따라 최대 60초 길이, 1080P 해상도의 고품질 동영상을 생성할 수 있습니다. 동시에 Sora의 동영상에서 정교하고 복잡한 장면, 생동감 있는 캐릭터 표정, 복잡한 카메라 움직임을 볼 수 있습니다(그림 3-4).

   예시 35 📹 **중국 춘절 축제 동영상**

   PROMPT >_ A Chinese Lunar New Year celebration video with Chinese Dragon.
   중국 용과 함께하는 중국의 춘절 축제 동영상

그림 3-4 **중국 춘절 축제 동영상**

2. **시공간 패치에서 작동하는 트랜스포머 아키텍처**

   Sora는 동영상과 이미지 잠재 벡터의 시공간 패치에서 작동하는 트랜스포머 아키텍처를 활용합니다. 이 아키텍처를 통해 모델은 동영상과 이미지에서 작업을 수행하여 시간과 공간을 기반으로 한 동영상 시퀀스를 생성할 수 있습니다.

3. 비주얼 패치 표현

Sora에서는 혁신적인 방법으로 비주얼 패치를 표현합니다. LLM의 성공 경험을 바탕으로 시각 데이터를 효율적이고 확장 가능한 표현 형식으로 변환합니다. 이 표현 방식은 모델의 성능과 범용성을 높이고, 시각 데이터의 처리와 분석에 새로운 가능성을 제공합니다.

4. DiT 계산

동영상 생성 과정에서 Sora의 DiT는 어텐션 메커니즘 등 복잡한 계산을 수행합니다. 이와 같은 계산은 모델이 동영상의 일관된 움직임과 장면 변화를 이해하고 생성하는 데 도움을 주어, 동영상의 일관성을 높입니다.

3.1.4 Sora는 어떻게 다양한 스타일의 동영상을 생성하는가: 생성적 적대 신경망

Sora는 생성적 적대 신경망generative adversarial network, GAN을 통해 다양한 스타일의 동영상을 생성하는데, 이는 DiT 아키텍처를 채택했기 때문입니다. 이 아키텍처는 딥러닝 기술을 기반으로 하며, 랜덤 노이즈를 점진적으로 의미 있는 이미지나 동영상 콘텐츠로 변환합니다. 확산 모델은 특별한 형태의 GAN 모델로, 생성 과정에서 모델의 매개변수를 지속적으로 조정하여 최적의 성능과 품질을 달성합니다.

GAN은 이미지, 오디오, 텍스트 등 새로운 데이터 샘플을 생성하는 데 사용되는 딥러닝 모델입니다. GAN은 서로 대립하는 생성기generator와 판별기discriminator, 두 개의 신경망으로 구성됩니다. 생성기의 임무는 새로운 데이터 샘플을 생성하는 것이고, 판별기의 임무는 입력된 데이터 샘플이 진짜인지를 판단하는 것입니다.

다양한 스타일의 동영상을 생성하기 위해서는 적합한 GAN 모델을 선택하고, 대량의 데이터로 훈련하고, 동영상 생성 스타일을 제어하고, 동영상 생성 과정에서 발생하는 문제를 해결해야 합니다. 상세한 단계는 다음과 같습니다.

1. **적합한 GAN 모델 선택**

   동영상의 특성(길이, 콘텐츠 등)에 따라 적합한 GAN 모델을 선택합니다. 예를 들어 오픈AI가 발표한 Sora는 60초 길이의 동영상 생성을 지원하므로 긴 동영상 생성에 적합합니다.

2. **GAN 모델 훈련**

   대량의 동영상 데이터로 생성기와 판별기를 훈련시킵니다. 생성기는 동영상 생성 능력을 학습하고, 판별기는 동영상이 진짜인지 판단하는 능력을 학습합니다. 이 과정에는 생성된 동영상의 품질을 향상하기 위해 생성기와 판별기를 최적화하는 것도 있습니다.

   > 더 나아가기 GAN의 훈련 과정에서 생성기와 판별기는 적대적 훈련을 통해 각자의 매개변수를 지속적으로 개선하고 최적화합니다. 생성기는 판별기를 속이기 위해 더욱 사실적인 데이터 샘플을 생성하려고 시도하고, 판별기는 입력된 데이터 샘플이 진짜 데이터인지 생성기가 만든 가짜 데이터인지 식별하려고 노력합니다. 이와 같은 적대적 과정을 통해 생성기와 판별기 모두 점진적으로 성능을 향상합니다. GAN을 활용하는 분야에는 이미지 생성, 이미지 복원, 스타일 전이 등이 있습니다.

3. **생성 스타일 제어**

   GAN은 잠재 인자 z를 조정하여, 생성되는 콘텐츠의 유형과 스타일을 제어합니다. 원래 GAN은 잠재 인자 z를 기반으로 이미지를 생성하지만, 스타일을 더 잘 제어하기 위해서는 각 합성곱층convolution layer에서 데이터를 생성할 때 더 중요한 역할을 해야 할 수도 있습니다. 또한 추가적인 시간 차원을 도입하여 복잡한 시각적 세계를 제어하고 수정할 수 있습니다.

4. **동영상 생성 문제 해결**

   동영상 생성 과정에서 텍스처 고착화texture sticking 등의 문제가 발생할 수 있습니다. Style GAN-V가 생성한 동영상에서 심각한 텍스처 고착화 현상이 나타났는데, StyleGAN3는 세밀한 시그널 처리, 패딩padding 범위 확대 등의 작업을 통해 텍스처 고착화 문제를 완화했습니다.

더 나아가기 동영상 생성 과정에서 텍스처 고착화는 흔히 발생하는 문제입니다. 이는 생성된 콘텐츠의 일부가 특정 좌표에 의존성을 갖게 되어, 고정된 영역에 '붙어' 있는 현상을 말합니다. 자세히 말하자면 이는 연속된 프레임 사이에서 특정 이미지 요소나 텍스처가 시간에 따라 이동하거나 변화하지 않고, 부자연스럽게 반복되거나 변하지 않는 상태로 유지되는 현상입니다. 예시 동영상에서 독수리는 마치 화면에 '붙어' 있는 것처럼 보이며, 앞으로 날아가지 못합니다(그림 3-5). 이와 같은 텍스처 고착화 현상은 동영상의 일관성과 자연스러움을 해치며, 생성된 동영상이 비현실적으로 보이거나 인위적인 흔적을 명확하게 드러나게 만듭니다.

그림 3-5 텍스처 고착화 동영상 예시

텍스처 고착화 문제는 보통 동영상 생성 모델의 아키텍처 및 훈련 방식과 관련이 있습니다. StyleGAN-V와 같은 생성 모델에서 모델이 시간 정보를 충분히 학습하지 못했거나 적절한 시그널 처리 메커니즘이 부족한 경우 텍스처 고착 현상이 발생할 수 있습니다. 또한 생성 모델의 매개변수 설정, 손실 함수 선택 등도 텍스처 고착화 정도에 영향을 미칠 수 있습니다.

텍스처 고착화 문제를 해결하는 일반적인 방법으로는 패딩 범위를 확대하는 등 세밀한 시그널 처리 메커니즘을 도입하여 텍스처 고착화 현상을 완화하는 방법 등이 있습니다. 또한 동영상 생성 모델에 이미지 수준의 사전 훈련을 도입하여 이미지 생성 품질을 높이고 텍스처 고착화 문제를 줄일 수도 있습니다.

5. 동영상 합치기

GAN은 서로 다른 동영상 클립을 합치는 데 사용할 수 있습니다. 생성기를 훈련시켜 서로 다른 동영상 클립 간의 관계를 학습하게 함으로써 동영상을 합칠 수 있습니다. 예를 들어 여러 동영상 클립을 하나의 완전한 동영상으로 합치거나 특정 스타일의 클립을 동영상에 융합할 수 있습니다.

동영상 생성 측면에서 확산 모델은 입력 동영상의 특징을 학습하고, 특징을 랜덤 노이즈와 결합하여 특정 스타일이나 효과를 가진 동영상을 생성합니다. 또한 Sora는 동영상 압축 네트워크 기술을 도입하여, 입력된 이미지나 동영상을 더 낮은 차원의 표현 형식으로 압축해 후속 처리를 용이하게 합니다. 이 과정은 동영상의 압축성을 높이고, 후속 동영상 생성에 편의를 제공합니다.

Sora의 기술적 특징 중에는 다기능성도 있습니다. Sora로 기존 이미지나 동영상을 편집하고, 텍스트 프롬프트를 기반으로 변환할 수도 있습니다. 끊김 없는 루프 동영상이나 애니메이션 생성도 가능하며 동영상의 환경이나 스타일 변경도 쉽게 처리할 수 있습니다. 이를 통해 Sora는 여러 캐릭터, 특정 유형의 움직임, 정확한 테마와 배경 디테일을 포함한 복잡한 장면을 생성할 수 있으며, 물리적 효과도 시뮬레이션할 수 있습니다.

3.1.5 Sora는 어떻게 동영상 생성 속도를 높이는가: 자동회귀 트랜스포머

Sora는 동영상 생성 속도를 높이기 위해 자동회귀 트랜스포머autoregressive transformer 모델을 채택했습니다. 자동회귀 트랜스포머는 트랜스포머를 기반으로 한 모델로, 셀프 어텐션 메커니즘을 통해 시퀀스 데이터의 장기 의존성을 포착하여 동영상 생성 과정에서 긴 시퀀스 데이터를 더 효과적으로 처리할 수 있습니다.

Sora 모델의 자동회귀 트랜스포머 아키텍처의 기술적 특징은 다음과 같습니다.

1. 시공간 패치 기술

시공간 패치 기술을 사용합니다. 이는 자동회귀 트랜스포머와 확산 모델에서 핵심적인 방법으로, 서로 다른 이미지의 여러 패치를 단일 시퀀스로 묶어 훈련 효율성이 높고 성능도 향상합니다.

> **더 나아가기** 시공간 패치를 통해 Sora는 압축된 잠재 공간에서 훈련을 수행하고 동영상을 생성할 수 있습니다. Sora 팀은 생성된 잠재 벡터를 픽셀 공간으로 다시 매핑할 수 있는 디코더 모델을 개발했는데, 주어진 압축 입력 동영상에서 시공간 패치들을 추출하고, 이 패치들은 트랜스포머 모델에서 토큰 역할을 합니다.

2. 시각 데이터의 차원 낮추기

트랜스포머 아키텍처를 통해 시각 데이터의 차원을 효과적으로 낮춰 동영상 생성 효율과 동영상의 품질을 높입니다.

3. **다양한 시각 데이터 처리**

다양한 시각 데이터를 처리할 수 있으며, 이와 같은 데이터를 조작 가능한 내부 표현 형식으로 통일되게 변환할 수 있습니다. 이는 고품질 동영상 콘텐츠를 생성하는 데 매우 중요한 부분입니다.

4. **텍스트 조건화**

텍스트 조건화된 확산 모델을 활용하여 텍스트 프롬프트에 맞는 동영상 콘텐츠를 생성합니다. 이를 통해 다양한 텍스트 프롬프트를 기반으로 동영상 콘텐츠를 생성하고, 모델의 유연성과 적응성을 향상합니다.

더 나아가기 오픈AI는 다양한 영상 길이, 해상도, 화면비를 갖춘 동영상과 이미지를 생성하기 위해 텍스트 조건 확산 모델을 시공간 패치와 결합하여 공동 훈련시켰습니다.

3.2 Sora 동영상 생성 과정의 3단계

앞서 설명한 Sora의 기술 원리를 바탕으로, Sora가 동영상을 생성하는 과정의 세 가지 핵심 단계인 동영상 압축 네트워크, 시공간 잠재 패치 추출, 동영상 생성을 위한 트랜스포머 모델을 더 깊이 분석해보겠습니다.

3.2.1 1단계: 동영상 압축 네트워크

Sora는 시각 데이터의 차원을 낮출 수 있는 동영상 압축 네트워크를 훈련했습니다. 이 네트워크는 원본 동영상을 입력으로 받아 시간과 공간이 압축된 잠재 벡터를 출력하고, Sora는 압축된 잠재 공간에서 훈련을 수행한 후 동영상을 생성합니다(그림 3-6).

예시 36 ◀ 동영상 압축 네트워크로 효율적 생성

PROMPT >_ A litter of golden retriever puppies playing in the snow. Their heads pop out of the snow, covered in.

눈 속에서 노는 한 무리의 골든 리트리버 강아지들. 강아지들은 머리가 눈으로 덮인 채로 눈 속에서 튀어나옵니다.

그림 3-6 눈 속에서 노는 골든 리트리버 강아지들

동영상 압축 네트워크는 동영상 생성 시 매우 중요한 역할을 합니다. 원본 동영상을 잠재 벡터로 압축함으로써 중복 정보를 제거하고, 동영상의 품질을 높이고 매끄럽게 합니다. 압축을 통해 계산 리소스를 줄일 뿐만 아니라, 후속 동영상 생성 과정에서 데이터를 더 효과적으로 활용할 수 있습니다. Sora 동영상 압축 네트워크의 기술 원리는 다음과 같습니다.

1. **동영상을 저차원 잠재 공간으로 압축**

   먼저 동영상 데이터를 저차원의 잠재 공간으로 압축합니다. 이 과정은 시각 데이터를 고차원의 표현 형식에서 저차원의 표현 형식으로 변환하는 것이며, 후속 처리와 분석을 용이하게 합니다.

2. **시공간 패치로 분해**

   압축된 잠재 공간에서 동영상을 시공간 패치로 분해합니다. 시공간 패치는 입력 동영상에서 주요 프레임이나 세그먼트를 추출하고, 이를 시간과 공간상에 표시함으로써 생성됩니다.

3. **트랜스포머 아키텍처 사용**

   동영상 압축 네트워크는 트랜스포머 아키텍처를 기반으로 완성됐습니다. 이 아키텍처는 시각 데이터, 특히 동영상 데이터를 효과적으로 처리합니다.

4. **디코더 모델 훈련**

   생성된 시공간 패치를 픽셀 공간으로 다시 매핑하기 위해 Sora는 디코더 모델도 훈련시켰습니다. 이 모델은 생성된 잠재 벡터를 픽셀 공간으로 매핑하여 시각화된 동영상 프레임을 생성하는 데 사용됩니다. 이를 통해 사용자는 Sora가 생성한 동영상의 품질을 직관적으로 확인하고 평가할 수 있습니다.

5. **멀티모달 처리**

   동영상, 이미지, 텍스트 등 여러 종류의 시각 데이터를 동시에 처리할 수 있습니다. 다른 동영상 생성 모델과 비교할 때 두드러지는 장점입니다.

동영상 압축 네트워크는 매우 효율적인 카메라맨과 같습니다. 영화를 찍을 때 카메라맨은 가장 멋진 순간을 포착하기 위해 적절한 각도, 조명, 촬영 기술을 선택해야 합니다. 동영상을 생성하는 과정은 포착한 화면을 선명하고 생동감 있게 보이도록 카메라맨이 신중하게 컷을 고르는 것과 같습니다.

3.2.2 2단계: 시공간 잠재 패치 추출

시공간 잠재 패치 추출이란 압축된 입력 동영상에서 Sora가 시공간 패치들을 추출하는 것입니다. 이 패치들은 트랜스포머의 토큰 역할을 합니다. 이미지는 단일 프레임 동영상과 마찬가지이므로 이미지에도 적용됩니다. 시공간 패치 기반 표현 방식을 채택하여 Sora는 다양한 영상 길이, 해상도, 화면비를 가진 동영상과 이미지에 대해 훈련할 수 있게 됐습니다.

Sora는 추론 과정에서 적절한 크기의 그리드에 무작위로 초기화된 시공간 패치를 배열하여 동영상의 크기를 제어할 수 있기 때문에 실제로 활용할 때 범용성과 실용성이 뛰어납니다.

시공간 잠재 패치의 추출 단계는 영화 편집자의 업무와 유사합니다. 영화 제작 과정에서 편집자는 촬영된 원본 영상에서 가장 멋지고 표현력 있는 장면을 선별하여 편집하고 연결합니다. 시공간 잠재 패치 추출도 압축된 동영상 자료에서 핵심 시공간 정보를 선별하여 잠재 패치를 형성하는 과정입니다. 이와 같은 패치들은 영화의 멋진 장면과 같죠.

3.2.3 3단계: 동영상 생성 트랜스포머 모델

Sora가 동영상을 생성할 때 트랜스포머 모델은 먼저 시공간 잠재 패치를 받습니다. 이 패치들은 동영상 콘텐츠의 상세한 '목록'과 같으며, 동영상의 시간 정보와 공간 정보를 포함합니다. 그리고 트랜스포머 모델은 패치들과 텍스트 프롬프트를 바탕으로 클립을 조정할지 결합할지 결정하여 최종 동영상 콘텐츠를 만들어냅니다. 이와 같은 방식을 통해 현실적이면서도 상상력이 풍부한 장면을 생성할 수 있습니다. 또한 다양한 스타일과 화면비를 가진 동영상을 최대 1분 길이까지 생성하는 것이 가능합니다(그림 3-7).

Sora는 확산 모델이기 때문에 노이즈가 있는 패치 입력과 텍스트 프롬프트 같은 조건 정보가 주어졌을 때 원래의 '깨끗한' 패치를 예측할 수 있습니다. 언어를 깊이 이해하고 프롬프트 내용을 정확히 파악하여 설득력 있는 캐릭터와 배경 디테일을 생성할 수 있습니다.

PROMPT >_ Historical footage of California during the gold rush.

골드러시 시대 캘리포니아의 역사적 영상

그림 3-7 **골드러시 시대 캘리포니아의 역사적 영상**

즉, 동영상 생성 트랜스포머 모델은 감독과 같습니다. 감독이 여러 장면을 조합하여 완전한 스토리를 만들듯이 트랜스포머 모델은 잠재 패치들을 특정 규칙과 시간 순서에 따라 배열하고 조합하여 완전한 동영상 작품을 생성합니다. 이 과정은 감독이 현장에서 배우에게 연기를 지도하고, 각 장면이 완벽하게 연결되도록 지시해 최상의 결과를 보여주는 것과 같습니다.

3.3 Sora 기술의 미래 전망

Sora 기술의 미래는 매우 유망합니다. AI 동영상 생성 기술을 계속 발전시킬 뿐만 아니라 인공 일반 지능 artificial general intelligence, AGI 발전의 핵심 동력이 될 수 있습니다. 기술이 지속적으로 발전하고 활용 분야가 확장됨에 따라 Sora는 미래에 더 혁신적으로 활용될 것이며, 사람들의 삶과 업무 방식을 변화시킬 것입니다.

> **더 나아가기** AGI란 인간 지능의 여러 측면을 갖춘 새로운 유형의 AI 시스템을 말합니다. 다양한 작업과 환경에서 의사 결정을 내리고 실행할 수 있는 능력을 탑재하고 있습니다.
>
> 또한 상황을 인식하고 이해하며, 문제를 추론하고 해결하는 능력을 갖추고, 이를 통해 광범위한 작업을 독립적으로 수행할 수 있습니다. AGI는 AI의 더 높은 단계로 여겨지며, 스스로 학습 및 개선, 조정하여 인간의 개입 없이 모든 문제를 해결할 수 있는 능력을 갖출 것으로 기대됩니다.
>
> 현재 이론과 실험 단계에 있긴 하지만 스마트 로봇, 스마트 교통, 스마트 의료, 스마트 홈 등 다양한 분야에서 광범위하게 응용될 것입니다. 기술의 발전과 함께 AGI의 활용과 발전 또한 더욱 광범위하고 심도 있게 이루어질 것이며, AGI는 인류가 과학 기술 발전과 혁신을 추진하는 데 핵심적인 역할을 할 것입니다.

3.3.1 기술 혁신과 성능 향상: 더 빠르고, 더 안정적이고, 더 원활한 경험

기술 혁신과 성능 향상은 Sora 기술의 미래 발전에서 중요한 방향입니다. Sora는 속도, 안정성, 사용자 경험을 지속적으로 개선하여 사용자에게 더욱 효율적이고 신뢰할 수 있는 원활한 동영상 생성 및 처리 경험을 제공하게 될 것입니다. 이는 동영상 기술의 지속적인 발전과 혁신으로 이어집니다.

1. 더 빠른 속도

과학 기술이 끊임없이 발전하면서 Sora팀은 연구 개발에 지속적으로 투자하여 동영상 생성 및 처리 속도를 높은 수준으로 끌어올릴 것입니다. 알고리즘 최적화, 하드웨어 성능 향상,

새로운 기술의 도입을 통해 동영상 생성 속도는 빨라지고, 사용자의 대기 시간은 크게 줄어들 것입니다.

2. 더 높은 안정성

Sora팀은 시스템 아키텍처를 지속적으로 개선하여 동영상 생성 및 처리의 안정성을 높이고, 다양하고 복잡한 환경에서도 효율적인 운영을 보장할 것입니다. 코드 최적화, 내결함성 향상, 시스템 강건성 향상을 통해 사용자에게 신뢰할 수 있는 안정적인 서비스를 제공하게 됩니다.

3. 더 원활한 경험

사용자 인터페이스 최적화, 작업 프로세스 단순화, 개인화된 설정 옵션 제공을 통해 사용자에게 더욱 원활한 경험을 제공하고, 사용자 피드백에 관심을 갖고 제품을 지속적으로 업데이트하고 최적화하여 사용자의 늘어나는 요구사항과 기대를 충족시킬 것입니다.

3.3.2 분야 간 융합과 활용 분야 확장: 더 다채롭고 무한한 가능성으로 가득한 삶

AI 기술이 계속해서 발전하고 활용 분야가 확장되면서 Sora팀은 다른 분야와의 융합을 적극적으로 모색하여 더욱 풍부하고 다양한 응용 시나리오를 만들 것입니다. 사람들의 삶은 한층 더 다채로워지고, 무한한 가능성으로 가득해질 것입니다.

첫째, Sora는 엔터테인먼트 산업과 융합하여, 사용자에게 더욱 몰입감 있는 엔터테인먼트 경험을 제공할 수 있습니다. 가상현실, 증강현실 등의 기술과 결합하여 사용자에게 현장감 있는 시청 경험을 창출하고 영화, 게임 등 엔터테인먼트 콘텐츠를 더욱 생동감 있고 현실적으로 만들 수 있습니다. 그리고 음악, 댄스 등의 분야와 결합하여 사용자에게 완전히 새로운 콘서트와 댄스 공연 경험을 제공하여 예술 공연을 더욱더 감동적으로 만드는 것이 가능합니다.

둘째, Sora는 소셜 미디어, 온라인 교육 등의 분야와 결합하여 사용자에게 더욱 편리하고 효율적인 상호작용 경험을 제공할 수 있습니다. Sora의 동영상 생성 및 처리 능력을 활용하여 사용자는 쉽게 자신만의 숏폼, 라이브 스트리밍 등의 콘텐츠를 만들고 다른 사용자와의 상호작용이 가능해집니다. 또한 온라인 교육에 더 풍부하고 다양한 교육 리소스와 상호작용 방식을 제공하여, 학습을 더욱 재미있고 효율적으로 만들 수도 있습니다.

셋째, Sora는 스마트 홈, 스마트 교통 등의 분야에 활용되어 사람들의 생활에 더 많은 편의를 제공할 수 있습니다. 다른 스마트 기기와 결합하고 스마트 홈의 지능화된 제어와 관리를 실현하여 더욱 편안하고 편리한 가정생활을 만들 수 있습니다. 스마트 교통 분야에서는 정확한 교통 흐름 분석과 예측을 제공하여 도시 교통 계획과 관리를 지원할 수 있습니다.

모델 아키텍처:
Sora의 기반은 세계 모델

AI 분야에서 세계 모델의 개념을 제시하면서, 세계 모델은 인공 일반 지능으로 가는 핵심 기술로 여겨지고 있습니다. 새로운 세대의 모델 아키텍처인 Sora는 세계 모델의 특성을 가지고 있어, AI 분야의 새로운 트렌드를 이끌고 있습니다. 이번 장에서는 Sora의 모델 아키텍처를 깊이 있게 탐구하고, 세계 모델의 비밀과 훈련 기술을 알아보겠습니다.

4.1 세계 모델 이해하기

글로벌화가 진행됨에 따라 사람들은 점점 더 다원화되어가는 세계에서 살아가고 있으며, 문화와 언어를 뛰어넘은 소통이 일상이 되고 있습니다. AI 분야도 이러한 시대의 요구를 충족하기 위해 더욱 범용적이고 유연한 모델을 탐구하고 발전시키고 있습니다. 그중에서도 세계 모델(또는 세계 범용 모델, 범용 세계 모델)은 이와 같은 탐구의 주요 성과이며, 문화와 언어의 경계를 넘어 다양한 환경과 상황을 이해하고 적응할 수 있는 지능 시스템 구축이 목표입니다. 이번 절에서는 세계 모델이라는 최첨단 개념을 소개하고, 이것이 AI 분야에 가져온 변화와 가능성을 살펴보겠습니다.

4.1.1 세계 모델이란 무엇인가

AI 분야에서 제시하는 세계 모델world model 개념은 AGI로 향하는 핵심 기술입니다. 예를 들어 런웨이가 개발한 세계 모델은 AI가 세계를 더 잘 시뮬레이션하고, 최대한 사람들이 살아가는 실제 세계에 가깝도록 다양한 상황과 상호작용을 시뮬레이션하는 것이 목표입니다. 오픈AI가 개발한 Sora는 세계 시뮬레이터의 동영상 생성 모델로 여겨지며, 그 연구 결과는 동영상 생성 모델을 확장하는 것이 물리 세계 범용 시뮬레이터 구축을 실현 가능하게 하는 방법이라는 것을 보여주고 있습니다.

세계 모델의 주요 목적은 AI 시스템을 실제 세계와 더 가깝게 만들어, 복잡한 작업을 효과적으로 수행하고 다양한 상황에 적응할 수 있도록 하는 것입니다. 세계 모델은 내부적 이해를 통해 AI의 학습 능력, 적응 능력, 계획 능력을 향상하여, 더 효율적이고 지능적인 작업과 현실 세계 시뮬레이션 능력을 실현할 수 있습니다.

세계 모델에 대한 AI 기업과 전문가의 정의를 살펴보겠습니다.

1. 런웨이

런웨이는 세계 모델에 대해 환경 내부를 재현하고 그 환경의 미래 사건을 시뮬레이션하는 데 사용할 수 있는 AI 시스템이라고 정의했습니다. 세계 모델이 시뮬레이션만 하는 것이 아니라 내부적 이해를 통해 환경을 시뮬레이션하여 더 나은 학습과 적응이 가능하다는 것을 의미합니다.

2. 얀 르쿤

얀 르쿤Yann LeCun은 세계 모델의 정의에 다른 관점을 제시했습니다. 세계 모델을 현재의 관측값, 이전 시점의 세계 상태, 행동 제안, 잠재 변수를 기반으로 연산하는 계산 프레임워크로 정의합니다. 이와 같은 계산 프레임워크는 세계 모델 계산 복잡도와 세계에 대한 깊은 이해를 강조합니다.

3. 메타의 V-JEPA 모델

V-JEPA 모델은 세계를 더 잘 이해하기 위한 한 걸음으로 여겨집니다. 인간처럼 더 많은 지식을 학습하고, 주변 세계에 대한 내부 모델을 형성할 수 있는 고급 기계 지능을 구축하는 것이 목표입니다. 이는 세계 모델이 AGI를 실현하는 것의 중요성을 보여줍니다.

즉, 세계 모델은 다양한 상황과 작업에 광범위하게 적용할 수 있는 AI 시스템입니다. 이 모델은 일반적으로 대규모 데이터 훈련을 거치고, 방대한 모델 매개변수를 가지며, 광범위한 다운스트림 작업downstream task을 처리할 수 있습니다. 세계 모델의 핵심 목표는 세계의 작동 방식을 시뮬레이션하고 학습하여 세계를 전반적으로 이해하고 제어하는 AGI의 목표를 달성하는 것입니다.

> **더 나아가기** AI 분야에서 광범위한 다운스트림 작업(a wide range of downstream task)이란 모델이나 시스템이 활용되는 다양하고 구체적인 상황이나 작업을 의미합니다. 이와 같은 다운스트림 작업들은 모델 훈련이 완료된 후 실제 활용 시 마주하게 되는 작업들로, 다양한 영역, 데이터 유형, 문제 유형이 있을 수 있습니다. 세계 모델의 설계 목표는 새로운 작업마다 새로운 모델을 다시 훈련시킬 필요 없이, 다양한 다운스트림 작업에 유연하게 적응할 수 있도록 하는 것입니다.

세계 모델은 AI 시스템의 실제 세계 이해 능력을 높이는 데 중요한 역할을 합니다. AI 시스템의 환경 시뮬레이션 능력을 강화할 뿐만 아니라, AGI 실현을 촉진합니다. 또한 AI의 범용성과 실용성을 높이며, AI 시스템의 비지도 학습과 추론을 지원하고, AI 멀티모달 영역의 비약적인 발전을 추진합니다.

세계 모델의 주된 역할은 다음과 같습니다.

1. **AI 시스템의 환경 시뮬레이션 능력 강화**

   세계 모델은 AI 시스템이 환경의 내부를 재현하여 환경에서 일어나는 일을 더 잘 이해하고 예측하도록 돕습니다. 이는 AI 시스템이 세계 모델을 통해 시각적 세계와 동적 시스템, 빛과 그림자의 반사, 움직임 방식, 카메라 이동 등의 세부사항을 포함한 복잡한 환경을 시뮬레이션하고 이해할 수 있음을 의미합니다.

2. **AGI 실현 촉진**

   오픈AI는 Sora가 현실 세계를 이해하고 시뮬레이션할 수 있는 모델 기반으로서 AGI 실현의 중요한 이정표가 될 것이라고 강조했습니다. 이는 세계 모델의 발전이 AI 발전에 중요한 의미를 지닌다는 것을 보여줍니다. 그림 4-1은 Sora가 생성한 현실 세계입니다. 건물의 디테일, 지형 특징, 빛의 효과를 정확히 재현하여 매력적이고 생생한 산토리니 조망 장면을 만들어냈습니다.

3. **AI의 범용성과 실용성 향상**

   AI 대형 모델의 발전으로 AI는 다양한 영역에서 활용할 때 적용이 원활해졌습니다. 사전 훈련과 대형 모델을 결합하면 모델의 일반화 능력과 실용성을 높일 뿐만 아니라 자연어 처리, 컴퓨터 비전, AI 음성 등 여러 영역에서 성능을 혁신적으로 높일 수 있습니다. 이와 같은 기술 발전은 AI 시스템을 특정 영역에서 활용할 때 범용성이 낮다거나 하는 문제들을 해결하는 데 도움이 됩니다.

예시 38 건물 디테일, 지형 특징, 빛을 완벽하게 재현

PROMPT > Aerial view of Santorini during the blue hour, showcasing the stunning architecture of white Cycladic buildings with blue domes. The caldera views are breathtaking, and the lighting creates a beautiful, serene atmosphere.

블루아워의 산토리니 항공 샷으로, 푸른 돔이 있는 하얀 키클라데스 양식의 멋진 건축물을 보여줍니다. 칼데라 뷰는 숨이 멎을 듯 아름답고, 조명은 밝고 고요한 분위기를 자아냅니다.

그림 4-1 산토리니 건물 풍경 항공 샷

4. AI 시스템의 비지도 학습과 추론 지원

AI 분야의 저명한 과학자 얀 르쿤은 자기 지도self-supervised 방식과 세계 모델을 결합하여 AI가 인간처럼 학습하고 추론할 수 있게 해야 한다고 제안했습니다. 이는 AI가 세계 모델에 포함된 지식을 학습함으로써 비지도 학습과 추론을 수행할 수 있으며, 명시적인 지도 없이도 작업을 완수할 수 있음을 의미합니다.

5. AI 멀티모달 영역의 비약적 발전 추진

Sora 모델 같은 멀티모달 모델의 발전으로 AI는 시각 정보, 텍스트 정보, 청각 정보 등 다양한 데이터를 융합하여 이해할 수 있게 됐으며, AI 시스템의 실제 세계 이해 능력을 더욱 높였습니다.

4.1.3 멀티모달 모델이 AI의 실제 세계 이해를 촉진

멀티모달 모델은 텍스트, 사진, 동영상, 오디오와 같은 다양한 데이터 양식을 조합하여 장면에 대한 더 깊은 이해를 제공하고 AI가 실제 세계를 더 잘 이해하도록 합니다. 여러 소스에서 데이터를 컴파일하여 더 정확하고 신뢰할 수 있는 결정을 하도록 하는 것이 목표입니다. 멀티모달 모델은 여러 양식의 데이터에서 학습하여 자신을 개선하는 알고리즘으로 시각, 청각, 촉각,

후각 등 다양한 감각 채널의 정보를 다룹니다. 전통적인 유니모달 AIunimodal AI 기술과 비교해보면 멀티모달 모델은 AI 모델과 데이터 간의 상호작용에만 국한되지 않고, AI가 인터넷상의 지식을 학습할 수 있게 합니다.

주요 특징은 텍스트, 음성, 이미지, 동영상 등 멀티모달 데이터를 종합적으로 처리 응용하고, 크로스모달cross-modal 영역의 작업을 할 수 있다는 것입니다. 이는 AI 시스템이 시각 정보, 음성 정보 등 다양한 데이터 소스에서 동시에 정보를 얻을 수 있어 정보의 의미와 맥락을 더 잘 통합하여 시스템의 이해 능력과 의사결정 능력을 향상할 수 있다는 것을 의미합니다.

또한 모달 간 매핑 작업이 가능한데, 특정 모달 데이터의 정보를 다른 모달로 매핑할 수 있습니다. 예를 들어 머신러닝을 통해 이미지 설명을 획득하거나 일치하는 이미지를 생성합니다. 이와 같은 능력은 AI 시스템이 서로 다른 모달 간에 효과적으로 정보를 교환하고 이해할 수 있도록 하기 때문에, 복잡한 밈 매칭 문제를 해결하는 데 중요한 역할을 합니다.

> **더 나아가기** 밈 매칭(meme matching)은 문화 영역에서 모방과 전파를 통해 밈이 문화를 전승하고 혁신하는 과정을 말합니다. 밈(meme)은 일종의 문화 유전자로, 유전자와 비슷하게 동일한 유전자에 의해 생성되는 현상이지만, 밈은 유전이 아닌 모방을 통해 전파됩니다.

오픈AI는 LLM의 장점을 활용하여 LLM과 디퓨전을 결합해 Sora를 훈련시켰고, 멀티모달 AI 영역에서 현실 세계에 대한 이해와 세계 시뮬레이션이라는 두 가지 능력을 갖추도록 했습니다. Sora는 복잡한 카메라 움직임이 있는 동영상을 생성할 수 있으며, 빠르게 움직이고 회전하는 샷에서도 장면의 물체와 캐릭터가 공간에서 일관된 움직임 루트를 유지할 수 있습니다(그림 4-2). 동시에 물리법칙을 준수하여 빛과 그림자의 반사, 움직임 방식, 카메라 이동 등의 디테일을 매우 사실적으로 표현합니다.

텍스트 명령을 이해한 Sora는 사용자의 의도와 일치하는 동영상을 생성합니다. 이는 문맥에 따라 빛과 그림자 효과를 이해하고 조정하여 다양한 장면과 상황에 적응할 수 있게 하기 때문에, 사실적인 멀티모달 AI 장면을 생성하는 데 매우 중요합니다.

예시 39 LLM과 디퓨전 결합으로 사실적 동영상 생성

PROMPT >

The Glenfinnan Viaduct is a historic railway bridge in Scotland, UK, that crosses over the west highland line between the towns of Mallaig and Fort William. It is a stunning sight as a steam train leaves the bridge, traveling over the arch-covered viaduct. The landscape is dotted with lush greenery and rocky mountains, creating a picturesque backdrop for the train journey. The sky is blue and the sun is shining, making for a beautiful day to explore this majestic spot.

글렌피넌 고가교는 영국 스코틀랜드에 있는 역사적인 철도 교량으로, 말레이그와 포트 윌리엄 마을 사이의 웨스트 하이랜드 선을 횡단합니다. 증기기관차가 아치형 고가교를 지나 다리를 떠나는 멋진 광경입니다. 풍경은 울창한 녹색 식물과 바위산이 산재되어 있어, 기차 여행에 그림 같은 배경을 만듭니다. 하늘은 파랗고 햇살이 비치며, 이 웅장한 장소를 탐험하기에 아름다운 날입니다.

그림 4-2 고가교 위를 달리는 증기기관차

멀티모달 모델은 여러 유형의 데이터 통합, 알고리즘 학습 및 개선, 크로스모달 작업 수행, 모달 간 매핑 실현 등의 작업을 통해 AI 시스템이 실제 세계를 이해하는 능력을 크게 끌어올렸습니다. 이는 AI 시스템 결정의 정확성과 신뢰성을 높이는 데 도움이 될 뿐만 아니라, AI를 다양한 분야에 활용할 수 있는 새로운 가능성을 열어주었습니다.

4.1.4 세계 모델이 가상과 현실의 경계를 허물다

세계 모델은 여러 가지 방식으로 가상과 현실의 경계를 허물고 있습니다. 예를 들어 Sora는 가상 세계에서 사실적인 콘텐츠를 창조할 수 있을 뿐만 아니라, 물리 세계의 물체 움직임과 상호작용을 시뮬레이션할 수 있어, 가상과 현실의 경계를 점점 더 모호하게 만들었습니다(그림 4-3). 또한 Sora는 가상현실, 증강현실 등의 기술도 지원하고 있습니다.

세계 모델은 현실 세계처럼 광범위하고 다양한 상황과 상호작용을 표현하고 시뮬레이션할 수 있습니다. 이는 세계 모델을 구축하면 실제 세계와 매우 유사한 가상 세계를 시뮬레이션할 수

있다는 것을 의미합니다. 이를 통해 인간 행동 연구와 로봇 훈련 등의 분야에 실제 세계의 시뮬레이션 환경을 제공할 수 있습니다. 예를 들면 생성 모델을 통해 구축한 상호작용 가능한 현실 세계 시뮬레이터에 UniSim이라는 것이 있습니다. 연구자들은 인간과 AI가 세계와 상호작용하는 방식을 탐구하여 범용 시뮬레이터 구축의 첫걸음을 내디뎠습니다.

예시 40 ◀ **가상과 현실 경계를 허물며 시뮬레이션 구현**

PROMPT › a woman wearing a green dress and a sun hat taking a pleasant stroll in Johannesburg South Africa during a colorful festival.

녹색 원피스를 입고 챙 모자를 쓴 여성이 남아프리카 요하네스버그에서 열리는 다채로운 축제에서 즐겁게 산책하고 있습니다.

그림 4-3 즐겁게 산책하는 남아프리카 여성

4.1.5 **세계 모델의 대표: 런웨이**

런웨이는 뉴욕에 설립된 AI 회사로, 세계 모델 개발에 괄목할 만한 진전을 이루었습니다. 런웨이의 제품 시리즈는 동영상 생성, 이미지 생성, 음성 합성 등 다양한 AI 응용 분야를 포괄합니다. 이와 같은 도구와 기술을 활용해 동영상 생성 분야에서 뛰어난 능력을 보여주고 있죠. 예를 들어 텍스트 프롬프트나 기존 이미지를 통해 동영상을 생성하거나 기존 동영상과 이미지보다 더 높은 품질의 동영상과 이미지를 생성할 수 있습니다.

또한 런웨이는 2023년 11월에 2세대 텍스트-비디오 생성 모델인 Gen-2를 출시했습니다.[1] 이 모델은 1세대 AI가 생성한 동영상에서 각 프레임 간의 일관성이 떨어지는 문제를 해결했으며, 이미지를 동영상으로 생성하는 과정에서도 좋은 결과를 보여주고 있습니다. 그림 4-4는 Gen-2

---

1   [옮긴이] 2024년 7월 Gen-3 Alpha를 공개했고, 8월에는 Gen-3 Alpha보다 빠르고 저렴한 Gen-3 Alpha Turbo를 출시했습니다. https://runwayml.com/research/introducing-gen-3-alpha

모델의 텍스트-비디오 생성 기능입니다.

그림 4-4 **Gen-2 모델의 텍스트-비디오 생성 기능**

런웨이는 여기서 멈추지 않고, 시각적 세계를 이해하고 시뮬레이션할 수 있는 시스템을 구축하는 데 힘쓰고 있습니다. 이를 범용 세계 모델general world model, GWM이라고 부릅니다.

현재 런웨이의 GWM은 아직 초기 연구 단계이지만, AI 동영상이 직면한 가장 큰 문제를 해결하는 데 중요한 역할을 할 것입니다. 런웨이의 GWM이 시각적 세계를 이해하기 위한 연구와 발전에는 다음과 같은 의미가 있습니다.

1. **멘탈 맵 구축**

   GWM은 멘탈 맵mental map을 구축하여 모델이 세계의 '왜'와 '어떻게'를 이해하도록 돕고, 이를 통해 모델이 세계를 더 종합적으로 인식하고 묘사할 수 있게 합니다. 멘탈 맵 구축은 복잡한 시각적 콘텐츠를 시뮬레이션하고 해석하는 데 매우 중요합니다.

2. **AI 동영상의 난제 해결**

   런웨이는 시각적 세계와 그 동적 시스템을 이해하는 것이 AI 발전의 중요한 발걸음이라고 믿으며, GWM을 중심으로 한 장기적인 연구를 통해 AI 동영상 분야가 직면한 가장 큰 난제를 효과적으로 해결할 수 있다고 봅니다. 이는 GWM이 기존 동영상 생성 시스템의 핍진성 verisimilitude[2]을 높일 뿐만 아니라 미래의 동영상 제작에 다양한 가능성을 제공할 수 있음을 의미합니다.

3. 실제 세계 상황 시뮬레이션

GWM은 실제 세계 상황을 시뮬레이션하여 동영상 생성 시스템의 핍진성을 높이는 것을 목표로 합니다. 이는 GWM이 단순한 이론적 연구가 아니라 실제 응용 가치가 있는 기술 혁신임을 보여줍니다.

4. AI 발전 촉진

런웨이는 시각적 세계를 이해하고 시뮬레이션할 수 있는 AI 시스템을 통해 AI의 발전을 촉진할 수 있다고 믿습니다. 이는 GWM의 연구 성과가 전체 AI의 이론과 실전에 큰 영향을 미칠 것임을 의미합니다.

---

2 [옮긴이] 보는 사람이 진짜에 가깝다고 받아들일 수 있는 정도를 말합니다.

4.2 동영상 생성 모델을 세계 시뮬레이터로

오픈AI는 Sora가 단순한 동영상 모델일 뿐만 아니라 세계 시뮬레이터라고 정의했습니다. 이는 Sora가 단순한 동영상 생성 도구가 아니라 움직이는 물리 세계를 깊이 이해하고 시뮬레이션할 수 있는 범용 모델이라는 의미입니다. 오픈AI는 Sora를 출시하면서 AI 기술 분야에서 중요한 돌파구를 마련했으며, 물리 세계의 범용 시뮬레이터를 구축하는 새로운 경로를 개척했습니다.

4.2.1 LLM 방법으로 동영상 이해하기

Sora의 기술적 기반은 LLM입니다. LLM과 같은 모델들은 강력한 언어 이해도와 추론 능력을 갖추고 있으며, 딥러닝 알고리즘을 통해 대량의 말뭉치에서 언어의 문법 구조, 어휘의 의미, 문맥 관계를 학습합니다. 이처럼 강력한 언어 능력은 Sora 모델에 학습 기회와 일반화의 기회를 제공하여, 동영상의 언어적 맥락과 상황을 더 잘 이해할 수 있게 합니다(그림4-5).

그림 4-5에서 볼 수 있듯이, Sora는 프롬프트 정보를 바탕으로 생생한 밀림 장면을 생성했습니다. 이 장면에는 나무, 식물, 기타 환경적 디테일이 포함되어 있으며, 종이비행기 무리가 밀림 속을 날아다니는 애니메이션도 있습니다. 이 종이비행기들은 마치 철새들이 이동하는 것처럼 나무 사이를 드나들며, 이는 장면의 현실감과 매력을 높여줍니다.

Sora 모델은 LLM을 사용하여 동영상 콘텐츠를 이해합니다. 이는 LLM의 핵심 기능, 즉 코드나 언어 유닛(토큰)을 통해 코드, 수학, 여러 자연어 등 다양한 유형의 텍스트 형식을 통합하는 기능을 활용한 것입니다. 이와 같은 통합 능력은 Sora가 이미지와 동영상 데이터, 데이터가 보이는 패턴을 직접 학습하여 이미지나 동영상을 생성할 수 있게 합니다.

예시 41 **LLM 기반으로 언어 맥락과 상황을 이해**

PROMPT >_ A flock of paper airplanes flutters through a dense jungle, weaving around trees as if
they were migrating birds.

종이비행기 무리가 울창한 정글을 날아다니며, 철새처럼 나무 사이를 맴돕니다.

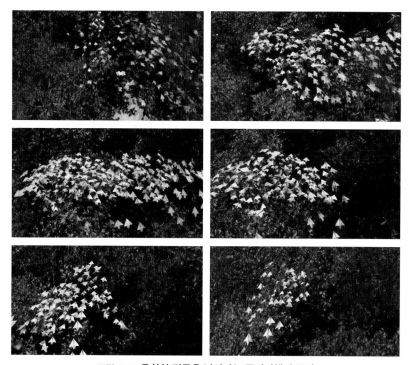

그림 4-5 **울창한 정글을 날아가는 종이비행기 무리**

구체적으로 말하자면 시각 데이터를 시각적 패치로 변환합니다. 이 패치들은 부분적인 공간 정보뿐만 아니라 시간 차원에서의 연속적인 변화 정보도 포함하고 있어, 모델이 시각적 패치 간의 관계를 학습하여 움직임이나 색상 변화 등 복잡한 시각적 특징을 포착하고, 이를 바탕으로 새로운 동영상 시퀀스를 재구성할 수 있도록 합니다.

또한, Sora는 사용자가 프롬프트에서 요구하는 내용을 이해하고, 사물들이 현실 세계에서 존재하는 방식을 이해할 수 있습니다. 이는 Sora가 언어에 대해 깊이 이해할 수 있으며, 프롬프트를 정확히 해석하여 풍부한 감정을 표현하는 동영상을 생성할 수 있다는 것을 보여줍니다. 이에 따라 Sora 모델은 LLM을 기반으로 동영상의 내용을 깊이 이해하고 생성할 수 있으며, 동시에 현실 세계를 이해하고 시뮬레이션하는 능력도 갖췄습니다.

Sora의 LLM이 현실 세계의 복잡한 현상을 시뮬레이션하여 동영상 내용을 이해하는 방식은 다음과 같습니다.

1. **언어 이해**

   LLM은 동영상의 텍스트 설명, 대화, 제목을 이해하고 분석하여, 동영상 내용에 관한 정보를 얻습니다.

2. **지식 그래프**

   LLM은 지식 그래프knowledge graph나 지식 베이스knowledge base와 결합하여 물체, 장면, 인물 등의 관계와 속성 같은 현실 세계에 관한 지식과 정보를 얻습니다.

3. **감정 분석**

   LLM은 동영상의 감정 경향을 분석함으로써 현실 세계 사건에 대한 인간의 감정 반응을 시뮬레이션합니다. 그림 4-6에서 볼 수 있듯이, LLM은 'pleasant(즐거운)'라는 단어가 전달하는 긍정적인 감정을 포착하고, 동영상에서 노인의 즐거운 표정을 표현합니다.

예시 42 ◀ **감정 분석으로 즐거운 표정 표현**

PROMPT ▶ an old man wearing blue jeans and a white t shirt taking a pleasant stroll in Mumbai India during a winter storm.

겨울 폭풍이 부는 인도 뭄바이에서 청바지와 흰 티셔츠를 입은 노인 남성이 즐겁게 산책을 하고 있습니다.

그림 4-6 즐겁게 산책하는 노인

4. **멀티모달 학습**

LLM과 이미지, 오디오 등 다른 형식의 정보를 조합하여 현실 세계의 복잡한 현상을 더 잘 이해하고 시뮬레이션합니다.

5. **추론과 예측**

LLM은 추론과 예측을 할 수 있으므로 알려진 정보와 패턴을 바탕으로 현실 세계의 발전과 변화를 시뮬레이션할 수 있습니다(그림 4-7).

예시 43 **현실 발전 예측 및 시뮬레이션**

PROMPT >. Beautiful, snowy Tokyo city is bustling. The camera moves through the bustling city street, following several people enjoying the beautiful snowy weather and shopping at nearby stalls. Gorgeous sakura petals are flying through the wind along with snowflakes.

아름답게 눈이 덮인 도쿄 거리가 사람들로 북적입니다. 카메라가 북적이는 도시 거리를 거쳐, 아름답게 눈이 오는 날씨를 즐기면서 근처 노점에서 쇼핑을 하는 사람들을 따라갑니다. 화려한 벚꽃잎이 눈송이와 함께 바람에 흩날립니다.

그림 4-7 **눈 덮인 도쿄**

그림 4-7에서 볼 수 있듯이 먼저 아름답게 눈이 내린 도쿄의 풍경(번화한 거리, 북적이는 인파, 떨어지는 눈송이와 벚꽃잎)을 보여줍니다. 다음으로 카메라 움직임을 통해 사람들이 거리에서 쇼핑하고 설경을 즐기는 장면을 보여줌으로써 활기차고 생동감 넘치는 분위기를 연출했습니다. 또한 거리의 노점, 가게, 사람들의 의상 등 세부사항을 포착해 현실감을 높였습니다. 이 모든 것은 LLM이 추론한 결과를 기반으로 한 것입니다.

4.2.2 물리 세계의 출현 구현

오픈AI에 따르면 Sora는 언어를 깊이 이해하고 있기 때문에 사용자의 텍스트 설명뿐만 아니라 설명한 사물이 물리 세계에 존재하는 방식까지 이해한다고 합니다. Sora의 설계 이념은 동영상 생성을 세계 시뮬레이터로 삼아, 사용자가 입력한 텍스트 프롬프트와 설명한 사물이 물리 세계에 존재하는 방식을 이해하여 물리 세계의 '출현'을 구현하는 것입니다.

장기 훈련 과정에서 오픈AI는 Sora가 점차 새로운 능력을 갖추게 되었다는 것을 발견했습니다. 이 능력은 바로 '3D 일치성'입니다. 모델이 동적 시점을 가진 동영상을 생성할 수 있으며, 시점이 이동하고 회전할 때 인물과 장면 요소들이 3차원 공간에서 일치된 움직임 상태를 유지한다는 의미입니다. 그림 4-8에서 볼 수 있듯이, 카메라 시점이 이동할 때 달마시안의 위치와 자세가 그에 맞게 변화하여 장면과의 일치성을 유지합니다. 또한 건물의 외관도 시점 변화에 따라 사실적인 3차원 효과를 나타냅니다.

인간에게는 대수롭지 않을지 몰라도 AI가 이와 같은 출현을 구현했다는 것은 놀라운 성과입니다. 인간이 3차원 물리 세계를 이해하는 방식과는 매우 다르게, AI는 위상 구조를 통해 물리 세계를 이해합니다. 카메라의 시점이 바뀔 때 텍스처 매핑도 그에 따라 조정되어야 하는데, Sora가 생성한 영상에서 현실감이 매우 뛰어나다는 것은 텍스처 매핑이 위상학topology적으로 매우 정확하다는 의미입니다.

예시 44 🎥 시점 변화에 맞는 동영상 생성

PROMPT >_

The camera directly faces colorful buildings in Burano Italy. An adorable dalmation looks through a window on a building on the ground floor. Many people are walking and cycling along the canal streets in front of the buildings.

카메라가 이탈리아 부라노의 색색의 건물들을 정면으로 마주보고 있습니다. 귀여운 달마시안이 1층 건물의 창문을 통해 밖을 내다보고 있습니다. 많은 사람이 건물 앞의 운하 거리를 따라 걷거나 자전거를 타고 있습니다.

그림 4-8 **귀여운 달마시안**

더 나아가기 수학과 물리학에서 위상 구조는 공간이나 객체의 정성적 형태를 설명하며, 구체적인 크기, 각도, 무게, 부피 등은 설명하지 않습니다. 위상학은 연속 변형(늘리거나 구부리는 등의 연속 변형을 말하며, 찢거나 붙이는 것은 제외) 시 변하지 않는 공간이나 형태의 성질을 연구합니다.

AI가 '위상 구조적 이해 방식을 채택한다'라고 하면 AI 시스템이 대상의 구체적인 크기, 비율, 방향에 영향을 받지 않고, 3차원 형태와 관련된 공간 관계를 인식하고 처리할 수 있다는 것을 의미합니다. 예를 들어 로봇 내비게이션에서 센서 노이즈나 환경 변화로 인해 구체적인 거리와 각도의 차이가 있을 수는 있겠지만, 위상 지도는 로봇이 환경의 구조와 연결성을 이해하는 데 도움을 줍니다.

Sora의 3D 일치성으로 현실 세계의 인물, 동물, 환경의 많은 디테일을 생생하게 시뮬레이션할 수 있습니다. 이와 같은 기능은 3D 객체에 명시적인 귀납적 편향을 강제하는 방식으로 생긴 것이 아니라, 규모 효과에서 비롯된 것입니다.

> **더 나아가기** 귀납적 편향은 머신러닝에서 매우 중요한 개념입니다. 모델이 접하지 않은 입력에 대한 결과를 예측할 때 어떠한 가설을 세우는데, 학습 알고리즘의 귀납적 편향은 이와 같은 가설들의 집합입니다.
>
> 즉, 귀납적 편향은 현실 생활에서 관찰한 현상으로부터 일정한 규칙을 귀납하여 모델에 일정한 제약을 가하는 것으로, '모델 선택'의 역할을 합니다. 가상의 공간에서 현실 규칙에 더 부합하는 모델을 선택하는 것입니다. 이는 머신러닝 알고리즘이 학습 과정에서 특정 유형의 가설을 선호하는 것으로, 모델의 지침 규칙이라고도 볼 수 있습니다.
>
> 귀납적 편향이 있기 때문에 학습기는 일반화 능력을 갖게 되어, 훈련 샘플에 나타나지 않은 상황과 마주쳐도 합리적인 예측을 할 수 있습니다.

다시 말해 Sora는 대량의 훈련 내용에 대한 딥러닝과 분석을 통해 현실 세계의 복잡한 물리법칙을 스스로 발견할 뿐만 아니라, 법칙을 바탕으로 정확한 추론과 예측을 할 수 있습니다. 비지도 학습, 자율 추론 능력은 현실 세계를 이해하고 시뮬레이션하는 데 놀라운 잠재력을 발휘합니다.

Sora의 출현 능력은 이미 인간이 단순히 감각 기관과 직관적 경험만으로 도달할 수 있는 인지 경계를 넘어섰습니다. 이는 AI가 실제 세계를 시뮬레이션하고 자연 법칙을 밝히는 데 더 넓은 활용 전망과 무한한 가능성을 갖게 될 것이라는 의미입니다.

4.2.3 실제 물리 세계의 움직임 시뮬레이션

Sora는 빗방울이 떨어질 때 생기는 물결 효과, 자동차가 빠르게 지나갈 때 일어나는 먼지 날림과 같은 물체의 이동과 상호작용을 포함한 실제 물리 세계의 움직임을 시뮬레이션하는 등 AI가 현실 세계를 이해하고 상호작용하는 능력을 보여줍니다.

물체의 이동 궤적, 속도 변화, 물체 간의 상호작용과 충돌 반응 등 모든 것을 Sora가 정확하게 재현하고 표현할 수 있습니다. 이는 강력한 딥러닝 알고리즘과 대규모 데이터 학습 덕분입니다.

그림 4-9에서 볼 수 있듯이, 카메라가 회전하면서 광선의 각도도 바뀌어 실제 세계의 시각 효과를 그대로 시뮬레이션했습니다. 빛과 물체의 상호작용, 다양한 각도와 위치에 따른 빛의 변화를 정확히 계산하여 가상 환경에서 사실적인 빛과 그림자 효과를 만들어낸 것입니다.

예시 45 ▶ 실제 세계의 시각 효과를 시뮬레이션한 동영상

PROMPT ➤ Drone view of waves crashing against the rugged cliffs along Big Sur's garay point beach. The crashing blue waters create white-tipped waves, while the golden light of the setting sun illuminates the rocky shore. A small island with a lighthouse sits in the distance, and green shrubbery covers the cliff's edge. The steep drop from the road down to the beach is a dramatic feat, with the cliff's edges jutting out over the sea. This is a view that captures the raw beauty of the coast and the rugged landscape of the Pacific Coast Highway.

빅서 개래이 포인트 해변의 험준한 절벽에 거세게 부딪히는 파도의 드론 샷. 부서지는 푸른 바닷물이 하얀 파도를 일으키고, 석양의 황금빛이 바위 해안을 비춥니다. 멀리 등대가 있는 작은 섬이 있고, 절벽의 가장자리는 초록색 관목으로 덮여 있습니다. 도로에서 해변까지의 가파른 내리막길은 장관이며, 절벽 끝은 바다 위로 튀어나와 있습니다. 이는 해안의 자연 그대로의 아름다움과 태평양 해안 도로의 험준한 풍경을 포착한 장엄한 광경입니다.

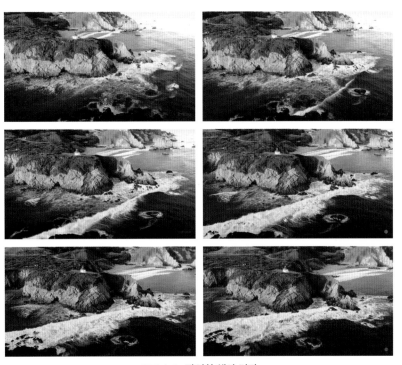

그림 4-9 **장엄한 해안 경관**

또한 파도의 변화도 물리 세계의 규칙을 따르는데, 실제 물리 세계의 움직임을 시뮬레이션하는 능력을 더욱 잘 보여줍니다. 파도가 형성되고, 퍼지고, 소멸되는 모습은 바람, 중력, 수심, 해저 지형 등 일련의 물리적 힘의 영향을 받습니다.

파도의 움직임을 정확하게 시뮬레이션하려면 물리의 원리를 깊이 이해하고 수학 모델로 변환해야 합니다. Sora는 고급 물리 엔진physics engine과 유체역학 알고리즘fluid mechanics algorithm을 도입하여 파도의 높이, 빈도, 방향, 속도 등 운동 상태를 실시간으로 계산하여 가상 세계에서 실제와 같은 파도의 움직임 효과를 구현합니다.

현실 세계의 물리 현상을 심층적으로 학습하고 분석하여 물체 운동의 규칙을 스스로 습득하는 것이 가능하므로 가상 환경에서 굉장히 사실적인 시뮬레이션을 구현하게 됩니다. 이는 매우 사실적이므로 사용자의 입력과 환경 변화에 따라 실시간으로 조정하는 것 또한 가능하여 여러 복잡한 장면에서 뛰어난 성능을 발휘합니다.

Sora는 AI가 물리 세계의 움직임을 이해하는 능력을 보여주면서 주목받고 있습니다. 지금은 유리잔 깨짐과 같은 기본적인 상호작용 물리 현상을 정확히 모델링하지 못한다는 한계가 있지만, Sora의 발전은 AI가 인간처럼 물리 세계를 이해하는 것에 가까워지거나 초월할 수 있다는 것을 보여줍니다. 이와 같은 Sora의 능력은 다양한 분야에서 활용할 수 있습니다.

- 게임 개발에서는 더욱 사실적이고 생동감 있는 게임 세계를 만들어, 플레이어에게 몰입감 있는 게임 경험을 제공할 수 있습니다.
- 로봇 기술에서는 로봇이 현실 세계 환경을 더 잘 이해하고 적응하도록 도와, 자율 내비게이션 기능과 물체 조작 기능을 향상할 수 있습니다.
- 가상현실과 증강현실에서는 Sora의 시뮬레이션 능력으로 사용자에게 더욱 진짜 같고 자연스러운 가상 경험을 제공합니다.

> **더 나아가기** AI가 실제 물리 세계의 움직임과 물체 간 상호작용을 시뮬레이션하는 기술 혁신에는 현재 동영상 생성 모델 Sora의 개발, 물리 시뮬레이션 분야에서 머신러닝 모델 활용, 실시간 물리 시뮬레이션 기술의 발전, 생성형 AI와 물리 세계를 결합하는 기술 발전, 물리 시뮬레이션 시스템 개발 등이 있습니다. 자세한 내용은 다음과 같습니다.

1. 동영상 생성 모델 Sora의 개발

오픈AI가 개발한 Sora는 초대규모 동영상 데이터로 훈련되어, 물리 세계의 움직임을 이해하고 시뮬레이션하여 다양한 물리적 장면을 생성할 수 있습니다. Sora의 성공은 AI 기술이 전례 없는 핍진성에 도달했으며, 물리 세계 시뮬레이션의 핍진도가 이전 기술이 도달하지 못했던 수준에 이르렀음을 보여줍니다.

2. 물리 시뮬레이션 분야에서의 머신러닝 모델 활용

옥스퍼드 대학교의 연구에 따르면, 머신러닝 모델은 기존 물리 솔버physics solver에 비해 물리 시뮬레이션 속도를 최대 20억 배까지 향상할 수 있어, 물리 시뮬레이션의 계산 난제 해결에 새로운 가능성을 제시했습니다.

3. 실시간 물리 시뮬레이션 기술의 발전

물체의 움직임과 상호작용을 시뮬레이션하여 더 사실적인 물체 움직임과 상호작용을 보여줍니다. 동시에 해당 기술의 발전으로 기존의 한계에서 실시간 물리 시뮬레이션이 가능해졌습니다.

4. 생성형 AI와 물리 세계를 결합하는 기술의 발전

생성형 AI를 물리 세계와 결합하는 것은 매우 긴 기술 체인이 필요하며, 물리 세계의 기본 법칙을 이해해야만 시뮬레이션 플랫폼에 실제 세계를 모델링할 수 있습니다. 이때 생성형 AI를 도입하면서 시뮬레이션 플랫폼이 '예행 연습' 기능을 갖게 되고, 물리 세계를 더 잘 시뮬레이션할 수 있게 됩니다.

5. 물리 시뮬레이션 시스템 개발

MIT, 하버드 대학교, 스탠퍼드 대학교가 공동 개발한 물리 시뮬레이션 시스템은 동력과 기하 구조가 충돌 효과에 미치는 영향을 학습하여 가상 물체 간의 상호작용을 시뮬레이션하고, 구상화된 AI를 가상 환경과 상호작용하도록 훈련시킵니다. 이와 같은 시스템의 발전은 AI가 물리 세계를 시뮬레이션하는 데 중요한 기술 지원을 제공합니다.

4.3 Sora 모델 훈련의 핵심 기술

Sora의 모델 훈련 방식은 오픈AI가 동영상 생성 분야에서 이룬 중요한 혁신으로, 다양한 방법과 전략을 통해 고품질 동영상 콘텐츠를 생성합니다. LLM에서 영감을 받았으며, 기존 머신러닝 방법의 혁신일 뿐만 아니라 AI의 미래 발전 잠재력에 대한 탐구이기도 합니다. 이번 절에서는 Sora 모델 훈련의 핵심 기술을 중점적으로 분석하여, 그 뒤에 숨겨진 무한한 가능성을 살펴보겠습니다.

4.3.1 자연어 이해

자연어 이해natural language understanding, NLU는 컴퓨터 시스템이 자연어 텍스트를 분석, 이해, 추론하는 과정을 말합니다. NLU 기술은 형태소 분석, 구문 분석, 의미 분석 등을 포함하며, 컴퓨터가 자연어 텍스트의 의미와 의도를 이해하도록 하는 것이 목표입니다. 이는 지능형 대화, 텍스트 분류, 정보 추출 등 AI 응용의 기초가 됩니다.

미시적 관점에서 NLU는 자연어에서 기계 내부로의 매핑을 의미합니다. 거시적 관점에서 NLU는 기계가 인간이 기대하는 특정 언어 기능을 수행할 수 있다는 것을 의미하며 질문 답변, 요약 생성, 의미 해석, 번역 등이 이에 해당합니다.

Sora의 설계 이념은 텍스트 콘텐츠를 시각적 형태로 변환하는 것입니다. 핵심 기술은 NLU 알고리즘을 활용하여 텍스트의 의미와 언어적 세부사항을 분석하고 주요 정보, 주제, 시각적 서술자descriptor를 추출하여 동영상을 생성하는 것입니다. 동영상 생성 분야뿐만 아니라 동영상 합성과 이미지 생성 등 여러 분야에서 활용됩니다.

NLU가 Sora의 모델 훈련에 미치는 영향은 다음과 같습니다.

1. 복잡한 텍스트 입력 이해

Sora가 사용하는 NLU는 딥러닝 기반의 고급 알고리즘으로, Sora 모델이 복잡한 텍스트 명령을 더 정확하게 해석하도록 합니다. NLU는 기계가 텍스트 콘텐츠를 이해하도록 돕는 모든 방법, 모델, 작업의 총칭으로, 텍스트 정보 처리 시스템에서 매우 중요한 역할을 하며, 추천, 질문 응답, 검색 등 시스템의 필수 모듈입니다.

더 나아가기 복잡한 텍스트 입력을 이해해야 할 경우, NLU는 대규모 인간 언어 데이터셋을 처리하는 머신러닝 모델을 통해 작동합니다. 해당 모델은 관련된 훈련 데이터로 훈련했으며, 데이터는 모델이 인간 언어의 패턴을 인식하는 법을 배우는 데 도움을 줍니다.

2. 주요 정보, 주제, 시각적 서술자 추출

NLU 알고리즘을 사용하여 복잡한 텍스트 입력에서 핵심 정보, 주제, 시각적 서술자를 추출하려면 구문 분석, 의미 분석, 정보 추출, 의도 인식, 시각적 서술자 추출 등 다양한 기술과 방법을 종합적으로 활용해야 합니다. 자세한 단계는 다음과 같습니다.

A. **텍스트 데이터 전처리** 먼저 입력된 텍스트 데이터를 전처리해야 합니다. 전처리 단계에는 단어 분리, 품사 태깅 등이 있으며, 이는 기계가 텍스트의 구조와 의미를 정확히 이해하도록 합니다. 이 단계는 NLU 분석을 위한 기초 단계이며, 이후 핵심 정보와 주제를 추출하는 데 견고한 기반이 됩니다.

그림 4-10은 HanLP를 사용해 중국어 단어를 분리하는 모습입니다. 연속된 텍스트를 개별 단어나 부호로 분해하는 것이 목표입니다. 단어 분리의 정확도는 이후의 NLP 작업에 큰 영향을 미칩니다. 기계는 연속된 텍스트를 이해할 수 없기 때문에 이를 분석하기 위해 개별 요소로 분해해야 합니다.

그림 4-10 **HanLP를 사용한 중국어 단어 분리**

B. **구문 분석**   NLU의 주요 단계로, 문장의 문법 구조와 구성요소 간의 관계를 결정하는 데 사용됩니다. 구문 분석을 통해 문장의 기본 구조를 파악하고, 이를 바탕으로 텍스트 내의 개체, 관계, 사건 등 주요 정보를 식별할 수 있습니다.

C. **의미 분석**   NLU의 핵심 작업으로, 텍스트의 의미를 분석하여 문장의 의도와 의미를 이해합니다. 의미 분석에는 텍스트 내 핵심 단어의 분석과 핵심 단어들 간의 의미 관계 분석도 포함합니다.

D. **정보 추출**   정보 추출 기술은 텍스트에서 핵심 정보 조각을 추출하는 데 도움이 됩니다. 정보 추출에는 개체 인식, 관계 추출 등의 작업이 있으며, 이는 모두 NLU 시스템이 자동으로 수행할 수 있습니다.

E. **의도 인식**   NLU 시스템은 의도 인식 능력도 갖추어야 합니다. 즉, NLU 시스템은 사용자나 컴퓨터의 예상 행동이나 요구를 인식해야 합니다. 이 단계는 문맥과 사용자의 입력에 따라 적절한 응답을 해야 하는 인간과 기계의 대화나 대화 시스템에서 특히 중요합니다.

F. **시각적 서술자 추출**   이미지와 같은 직접적인 시각 정보는 NLU 시스템에서 주요 관심 대상은 아니지만, 필요한 경우 광학 문자 인식optical character recognition, OCR 기술을 NLP 알고리즘과 결합하여 텍스트 내의 시각 정보를 추출할 수 있습니다. 이 방법은 텍스트 추출의 정확성을 높이고, NLU의 활용 범위를 넓힙니다.

> **더 나아가기** OCR은 스캔 등의 광학 입력 방식을 통해 영수증, 신문, 책, 문서, 기타 인쇄물의 문자를 이미지 정보로 변환한 후, 문자 인식 기술로 이미지 정보를 컴퓨터에서 사용 가능한 입력으로 변환하는 기술을 말합니다. 즉, OCR 기술을 이용하면 종이 문서의 문자를 점 행렬의 이미지 파일로 변환하고, 인식 소프트웨어를 통해 이미지의 문자를 텍스트 형식으로 변환하여, 문서 처리 소프트웨어에서 편집하고 가공할 수 있습니다.

즉, Sora 모델의 기술 아키텍처와 알고리즘 최적화는 NLU의 깊이와 폭을 보여줍니다. 최신 딥러닝 알고리즘 채택으로 인해 복잡한 텍스트 명령을 더 정확하게 해석하고, 동영상 생성 과정에서 텍스트의 의도와 감정을 확실하게 포착할 수 있습니다. 이에 따라 텍스트의 의미에 부합하면서도 시각적으로 매력적인 동영상을 생성하는 것이 가능해졌습니다.

4.3.2 생성형 AI 모델

Sora는 GPT와 DALL-E 등 선배 모델들의 기술을 바탕으로 구축됐습니다. 이미 대량의 동영상 콘텐츠와 관련 메타데이터 데이터셋으로 훈련되었기 때문에 Sora는 고품질의 동영상을 생성할 수 있습니다.

Sora 모델은 텍스트 프롬프트를 이해하고 처리합니다. 또한 대규모 동영상 데이터셋을 학습하고 최신 생성형 AI 모델 기술을 채택하여 텍스트 설명과 시각적 요소를 연결하는 기능을 갖게 됐고, 이로 인해 현실감과 창의성을 갖춘 동영상 생성이 가능해졌습니다.

Sora는 텍스트 명령을 이해하고 처리하여 사용자의 프롬프트를 동영상으로 변환할 수 있습니다. 텍스트로 동영상을 생성하는 능력은 생성형 AI 모델의 전형적인 응용 사례입니다. 그림 4-11 에서 볼 수 있듯이, 상세한 프롬프트는 사용자가 표현하고자 하는 구체적인 장면과 분위기를 Sora가 이해하는 데 도움이 되고, 이는 모델이 사용자의 의도와 매우 일치하는 동영상을 생성할 수 있게 합니다.

예시 46 ◀ 뛰어난 텍스트 이해력이 돋보이는 동영상

PROMPT ▷ An old man wearing blue jeans and a white t shirt taking a pleasant stroll in Johannesburg South Africa during a beautiful sunset.

아름다운 노을이 지는 남아프리카 요하네스버그에서 청바지와 흰 티셔츠를 입은 노인 남성이 즐거운 산책을 하고 있습니다.

그림 4-11 노인의 여유로운 삶과 아름다운 자연 경관

Sora와 같은 생성형 AI 모델은 뛰어난 텍스트 이해력과 동영상 생성 능력으로 사용자에게 새로운 창작 방식과 경험을 제공합니다. 생성형 AI 모델은 대량의 데이터를 학습하여 원본 데이터와 유사하지만 완전히 같지는 않은 새로운 데이터를 생성할 수 있는 딥러닝 기반의 머신러닝 모델입니다.

데이터 생성은 일반적으로 초기 조건(예: 노이즈 벡터noise vector)을 입력으로 제공한 다음, 심층 신경망과 확률 모델probability model을 사용하여 점진적으로 새로운 데이터를 생성하는 과정을 거칩니다. 생성형 AI는 AI 기술을 활용하여 수동 입력이나 훈련 데이터 없이 텍스트, 이미지, 오디오 등의 콘텐츠를 자동으로 생성합니다.

생성형 AI 모델은 콘텐츠 창작, 자동 번역, 지능형 고객 서비스, 지능형 글쓰기 등 여러 분야에서 폭넓게 적용하고 있습니다. 예를 들어 어도비 포토샵 2024Adobe Photoshop 2024의 '생성형 채우기' 기능은 생성형 AI 모델의 대표적인 활용 사례입니다. 이 기능을 사용하면 간단한 조작만으로 이미지의 콘텐츠를 자동으로 채우고 확장할 수 있어 빠르고 효율적인 이미지 처리가 가능합니다(그림 4-12).

그림 4-12 어도비 포토샵 2024 '생성형 채우기' 기능 활용 사례

더 나아가기 '생성형 채우기' 기능은 생성형 AI 모델의 강력한 능력을 활용해 대량의 이미지 데이터를 학습하여 이미지의 구조와 텍스처 특징을 자동으로 인식하고 이해하는 기능입니다. 사용자가 특정 영역을 채워야 할 때 주변 픽셀 정보와 이미지의 전체적인 스타일에 따라 원본 이미지와 매우 일치하는 새로운 콘텐츠를 지능적으로 생성하여 지정된 영역에 채워넣습니다. 활용 범위는 매우 광범위하여 오래된 사진 복원, 이미지 내 결함 제거, 이미지 배경 확장 등 다양한 상황에서 사용할 수 있습니다.

또 다른 예로 오픈AI의 챗GPT도 전형적인 생성형 AI 모델입니다. 챗GPT는 강력한 NLP 능력으로 유명하며, 사용자와 자연스럽고 원활한 대화를 나누고, 사용자 요구에 따라 유용한 정보와 답변을 제공합니다(그림 4-13).

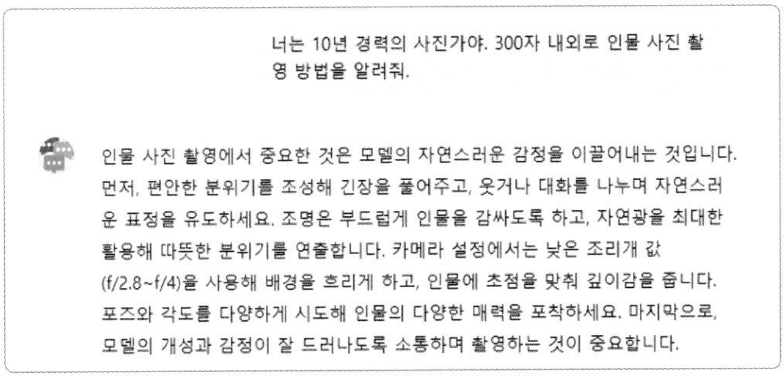
너는 10년 경력의 사진가야. 300자 내외로 인물 사진 촬영 방법을 알려줘.
인물 사진 촬영에서 중요한 것은 모델의 자연스러운 감정을 이끌어내는 것입니다. 먼저, 편안한 분위기를 조성해 긴장을 풀어주고, 웃거나 대화를 나누며 자연스러운 표정을 유도하세요. 조명은 부드럽게 인물을 감싸도록 하고, 자연광을 최대한 활용해 따뜻한 분위기를 연출합니다. 카메라 설정에서는 낮은 조리개 값(f/2.8~f/4)을 사용해 배경을 흐리게 하고, 인물에 초점을 맞춰 깊이감을 줍니다. 포즈와 각도를 다양하게 시도해 인물의 다양한 매력을 포착하세요. 마지막으로, 모델의 개성과 감정이 잘 드러나도록 소통하며 촬영하는 것이 중요합니다.

그림 4-13 **사용자 요구에 따라 유용한 정보와 답변을 제공하는 챗GPT**

지금까지 살펴본 것처럼 생성형 AI 모델은 동영상 생성, 이미지 생성, 텍스트 생성 등에 활용됩니다.

그러면 이제 생성형 AI 모델의 기술적 원리를 간단하게 살펴보겠습니다.

1. **데이터 획득 및 처리**

   생성형 AI 모델은 훈련을 위해 대량의 데이터가 필요합니다. 이 데이터에는 텍스트, 이미지, 동영상 등이 포함되며, 생성형 AI 모델은 대량의 원시 입력 데이터에서 유용한 정보와 패턴을 추출해야 합니다.

2. **모델 구축**

   생성형 AI 모델의 핵심은 딥러닝 모델입니다. 이 모델들은 대규모 데이터셋을 훈련하여 데이터의 본질적인 규칙과 확률 분포를 추상화하여 학습하고, 생성 모델을 사용하여 새로운 데이터를 생성합니다.

딥러닝 기술은 생성형 AI의 기반으로, 입력에서 출력으로의 매핑 관계를 학습하기 위해 모델을 훈련합니다. 이 매핑 관계는 일반적으로 가중치와 편향 매개변수로 정의됩니다. 딥러닝 알고리즘은 인공 신경망(artificial neural network, ANN)을 기반으로 하며, 인간 뇌의 뉴런 간 연결 방식과 정보 전달 과정을 모방하는 것이 목표입니다. 딥러닝 기술은 대량의 데이터와 컴퓨팅 리소스를 통해 훈련하고 최적화되어, 기존 머신러닝 알고리즘으로는 해결할 수 없는 많은 문제를 효과적으로 해결할 수 있습니다.

3. 알고리즘 설계

생성형 AI 모델의 성공 여부는 신중하게 설계된 알고리즘에 따라 결정됩니다. 이 알고리즘들은 대량의 데이터에서 효과적으로 패턴을 학습하고, 지식을 새로운 데이터 생성 프로세스에 적용합니다. 예를 들어 GAN은 생성과 판별의 대립을 통해 데이터 분포를 학습하고 새로운 콘텐츠를 생성하는 머신러닝 알고리즘의 일종입니다.

4. 학습 방법

생성형 AI는 비지도 학습이나 준지도 학습과 같은 다양한 학습 방법을 활용할 수 있습니다. 이에 따라 생성형 AI 모델은 레이블이 없는 데이터를 더 쉽고 빠르게 활용하여 기초 지식을 구축합니다.

비지도 학습(unsupervised learning)에서 기계는 인위적으로 표시된 레이블에 의존하지 않고 자체 탐색, 귀납, 요약을 통해 데이터의 내재된 규칙과 특징을 해석하려고 하며, 이는 데이터에 숨겨진 패턴과 구조를 발견하는 데 도움이 됩니다. 준지도 학습(semi-supervised learning)은 기존의 훈련 데이터에서 함수나 모델을 '학습'하여, 함수나 모델이 새로운 데이터를 마주했을 때 내재된 규칙에 따라 결과를 예측하도록 합니다.

4.3.3 장면 구성 및 정교한 렌더링

Sora가 텍스트 명령을 받으면, 딥러닝 네트워크deep learning network가 신속하게 의미 정보를 분석하여 내부의 장면 합성 엔진scene synthesis engine을 활성화합니다. 고급 AI 알고리즘을 사용하여 다양한 시각적 요소를 정확하게 배치할 뿐만 아니라, 텍스트 설명의 감정 묘사와 움직임 단서에 따라 장면의 동적 시퀀스를 지능적으로 구성하는 엔진입니다.

Sora의 장면 구성 및 렌더링 과정은 다음과 같습니다.

먼저 텍스트 설명과 일치하는 배경 이미지나 동영상 클립을 선별하여 전체적인 분위기가 사용자의 의도와 일치하도록 합니다. 그다음 방대한 캐릭터 라이브러리에서 적절한 가상 캐릭터를 선택하고, 필요에 따라 그들의 동작, 표정, 의상을 조정하여 생동감 있게 장면에 통합합니다.

다음으로 가구, 차량, 자연 요소 등 다양한 요소와 객체를 신중하게 선택하고, 장면의 로직에 따라 적절한 위치에 배치합니다. 이와 같은 디테일한 조정으로 모든 요소가 전체 장면과 조화를 이룰 수 있도록 통일하고, 사실적이고 스토리텔링이 있는 시각적 세계를 구축합니다.

마지막으로 고급 렌더링 기술을 사용하여 디테일하게 배치된 시각적 요소와 동적 시퀀스를 매끄럽고 일관된 동영상으로 통합합니다. 이 동영상은 사용자의 텍스트 입력에 담긴 모든 디테일을 완벽하게 표현할 뿐만 아니라, 빛과 그림자의 변화, 색상 조정, 특수 효과 처리 등을 통해 놀라운 시각적 효과를 연출합니다.

Sora는 장면을 구성하고 정교하게 렌더링하는 기능으로 사용자에게 상상을 현실로 만드는 마법과 같은 도구를 제공합니다. 단편영화, 광고, 교육용 동영상 제작 등 어떤 분야에서든 뛰어난 기술력으로 사용자의 창의성과 아이디어를 놀라운 시각적 작품으로 바꿔줍니다.

장면 구성과 렌더링 단계는 Sora 모델 훈련에서 매우 중요한 역할을 합니다. 모델에 풍부하고 다양한 시각 데이터를 제공하며, 텍스트에서 동영상으로의 매핑 관계를 구축하여 동영상 생성 능력과 정확성을 향상합니다. 구체적인 역할을 살펴봅시다.

첫째, 장면 구성 기술은 Sora 모델에 실제적이고 복잡한 시각적 장면들을 제공합니다. 모델은 훈련 과정에서 텍스트 설명에 따라 장면의 시각적 요소들을 합성하고 배치하는 방법을 학습합니다. 다양한 유형의 장면을 지속적으로 접하고 처리하면 모델은 점차 풍부한 시각적 경험을 축적하고, 텍스트 단서를 바탕으로 사용자 요구에 맞는 장면을 정확하게 구축하는 방법을 배웁니다(그림 4-14).

그림 4-14 AI 모델로 구성한 가상 장면

둘째, 렌더링 기술은 Sora 모델의 동영상 시퀀스 처리 능력을 강력하게 해줍니다. Sora 모델은 장면의 시각적 요소를 일관된 동영상 시퀀스로 동적 렌더링하여 합리적인 방식으로 요소들을 결합하고 배열하여 매끄럽고 스토리텔링이 있는 시각적 효과를 만드는 방법을 학습합니다. 이와 같은 학습 과정은 모델이 동영상 콘텐츠를 깊이 이해하고 고품질 동영상을 생성하는 능력을 향상시켜줍니다.

> **더 나아가기** 동영상 시퀀스는 연속된 이미지 프레임으로 구성되어 있으며, 이 프레임들이 시간 순서대로 배열되어 동영상 콘텐츠가 형성됩니다. 각 프레임은 정적인 이미지이지만, 빠른 속도로 연속 재생되면 동적인 효과를 나타내면서 동영상이 만들어집니다. 동영상 시퀀스는 동영상을 구성하는 기본 단위입니다. 이미지, 오디오 등 다양한 정보를 포함하며 스토리 플롯, 장면 분위기, 인물의 동작 등 다양한 유형의 콘텐츠를 전달하는 데 사용됩니다.
>
> 동영상을 처리하고 편집할 때 동영상 시퀀스는 중요한 개념입니다. 동영상 시퀀스를 조작하고 처리하여 편집, 합성, 특수 효과 등 다양한 동영상 효과와 기능을 구현할 수 있습니다. 또한 동영상 인코딩과 압축의 기초이기도 합니다. 동영상 시퀀스를 인코딩하고 압축하여 파일 크기를 줄이고, 동영상을 전송하거나 저장할 때 효율성을 높일 수 있습니다.
>
> AI 동영상 분야에서 동영상 시퀀스는 모델 훈련 및 테스트를 위한 데이터셋으로 자주 사용됩니다. 동영상 시퀀스를 분석하고 처리하면서 유용한 특징과 정보들을 추출하여 객체 검사, 행동 인식, 동영상 이해 등의 작업을 할 수 있습니다.

셋째, 장면 구성과 렌더링은 Sora 모델 훈련에 효과적인 감독 시그널을 제공하기도 합니다. 훈련 과정에서 모델이 생성한 장면과 동영상을 실제 장면 및 동영상과 비교하고 평가하여 생성 결과물에 대한 피드백을 얻을 수 있습니다. 피드백 정보는 모델의 매개변수를 조정하고 생성 전략을 개선하는 데 매우 중요한 역할을 하며, 후속 훈련에서 모델의 최적화 및 성능 향상에 도움이 됩니다.

4.3.4 AI 기반 애니메이션 기술

동적 요소와 캐릭터 움직임을 처리할 때 Sora는 AI 애니메이션 기술을 활용합니다. 이 기술들은 딥러닝과 컴퓨터 그래픽의 최신 성과를 결합하여, 텍스트 설명의 맥락 정보를 바탕으로 매끄럽고 자연스러운 움직임과 행동 시퀀스를 생성해냅니다.

구체적으로 살펴보면, Sora의 애니메이션 엔진animation engine은 텍스트에서 동작 명령을 해석할 수 있습니다. 예를 들어 '점프', '달리기', '손 흔들기', '눈 깜빡임' 등의 동작을 해석하고, 장면 배경, 캐릭터 성격, 감정 등의 요소와 결합하여 이에 맞는 세밀한 동작을 생성합니다. 물리법칙을 준수할 뿐만 아니라 캐릭터 간 상호작용과 장면의 동적 변화를 고려하여, 생동감 있고 논리적인 동영상 콘텐츠를 생성합니다.

예시 47은 눈 깜빡임 같은 디테일한 동작에 유의할 것을 요구하는 프롬프트입니다. 이에 따라 애니메이션 엔진은 눈꺼풀의 닫힘, 안구의 미세한 움직임 등을 포함한 정교하고 사실적인 눈 동작을 익스트림 클로즈업 샷extreme close-up shot으로 생성합니다(그림 4-15).

예시 47 ◀ 정교하고 사실적인 동작 생성이 가능한 애니메이션 기술

PROMPT > Extreme close up of a 24 year old woman's eye blinking, standing in Marrakech during magic hour, cinematic film shot in 70mm, depth of field, vivid colors, cinematic.

해 질 녘 마라케시에 서 있는 24세 여성이 눈을 깜빡이는 익스트림 클로즈업 샷, 70mm 시네마틱 필름 샷, 피사계 심도, 선명한 색감, 시네마틱

그림 4-15 **익스트림 클로즈업 샷으로 생성한 눈 깜빡임**

또한 프롬프트에 감정이나 정서가 명시적으로 언급되지 않았더라도, 환경과 상황 묘사를 통해 캐릭터가 특정 감정 상태에 있을 것이라고 추론하는 것이 가능합니다. 따라서 암시된 감정적 단서를 결합하여 눈을 깜빡이는 방식과 빈도를 조정하면서 캐릭터의 감정과 내면 세계를 더 잘 전달합니다.

Sora는 딥러닝 기술로 현실 세계의 동작 패턴, 예를 들어 사람의 걸음걸이나 얼굴 표정의 미묘한 변화 등을 학습하고 모방할 수 있습니다. 이를 통해 Sora가 생성하는 캐릭터는 더욱 자연스럽고 사실적인 동작을 보여주면서, 사용자는 몰입감을 느끼게 됩니다.

> **더 나아가기** 본질적으로 딥러닝은 머신러닝의 한 패러다임이므로, 딥러닝 알고리즘 프로세스는 기본적으로 머신러닝의 알고리즘 프로세스와 유사하지만, 딥러닝은 데이터 분석과 모델링 측면에서 최적화되어 있으며, 머신러닝과 달리 신경망을 통해 여러 알고리즘을 통합했습니다. 딥러닝이 광범위하게 적용되기 전에는 머신러닝에서 데이터 수집, 데이터 선별, 특징 추출, 분류, 회귀 작업을 하는 데 많은 시간이 소요됐습니다.
>
> 딥러닝의 핵심은 다층 신경망 모델을 구축하고 대량의 훈련 데이터를 통해 기계가 주요 특징을 학습할 수 있게 하여 분류나 예측의 정확성을 높이는 것입니다. 딥러닝은 인간 두뇌의 메커니즘과 뉴런의 신호 처리 패턴을 모방하여 컴퓨터가 스스로 데이터를 분석하고 특징값을 찾아낼 수 있게 합니다.

AI 기반 애니메이션 기술은 Sora 모델이 동적 요소와 캐릭터의 움직임을 더 잘 이해하고 시뮬레이션하는 데 도움을 줍니다. 즉, Sora 모델에 대량의 애니메이션 데이터를 제공하여 모델이 다양한 동작과 행동의 특성과 규칙을 학습하고 이해할 수 있게끔 합니다. 데이터 학습을 통해 더 자연스럽고 사실적인 동작과 행동을 생성하게 되고, 모델의 표현력과 사실성이 향상됩니다.

AI로 강화된 애니메이션 생성 기술을 통해 Sora는 동영상에 생명력을 불어넣어 각 캐릭터를 생동감 넘치게 만들고 모든 동작에 힘과 미감을 부여합니다. 이와 같은 기술 혁신은 동영상 제작의 효율성과 품질을 향상시키고, 사용자에게 창의성을 발휘할 공간과 무한한 가능성을 제공합니다.

⁴·³·⁵ 커스터마이징과 지속적인 최적화

강력한 동영상 생성 모델인 Sora는 AI 훈련을 통해 커스터마이징customizing과 개선이 가능하다는 특성이 있습니다. 최신 머신러닝 모델을 통합하면서 사용자에게 스타일 전이와 디자인 조정 등 다양한 옵션을 제공할 수 있게 되었습니다. Sora로 만드는 모든 동영상이 사용자 고유의 취향과 요구사항에 정확히 부합할 수 있게 된 것입니다. 자세히 살펴보겠습니다.

첫째, 신경 스타일 전이neural style transfer, NST 기능은 사용자가 선호하는 시각적 스타일을 지정할 수 있도록 합니다. 복고, 현대, 추상 등 어떤 스타일이든 Sora는 정확하게 동영상에 적용합니다. 이와 같은 커스터마이징은 동영상 콘텐츠를 더욱 특색 있게 만들며 더 쉽게 시청자의 공감을 불러일으킵니다. 그림 4-16과 같이 Sora는 장소와 상황에 맞춰 캐릭터의 일치성을 유지하고 특정한 감정과 분위기를 전달합니다.

예시 48 🎬 **기본 시나리오의 프롬프트**

PROMPT › An adorable kangaroo wearing purple overalls and cowboy boots taking a pleasant stroll in Antarctica during a colorful festival.

보라색 멜빵바지를 입고 카우보이 부츠를 신은 귀여운 캥거루가 화려한 축제 기간의 남극에서 즐겁게 산책하고 있습니다.

그림 4-16 화려한 축제가 열리는 남극에서 산책하는 캥거루

또한 프롬프트에서 날씨를 바꾸자, Sora는 이와 같은 변화를 처리하고 동영상에 날씨 변화와 환경 효과를 사실적으로 반영했습니다(그림 4-17). 이는 Sora가 복잡한 환경 요소를 처리하고, 사실적이고 매력적인 영상 장면을 만들 수 있음을 보여줍니다.

예시 49 ◀ 기본 시나리오의 프롬프트 + 계절 변화

PROMPT > An adorable kangaroo wearing purple overalls and cowboy boots taking a pleasant stroll in Antarctica during a winter storm.

보라색 멜빵바지를 입고 카우보이 부츠를 신은 귀여운 캥거루가 겨울 폭풍이 부는 남극에서 즐겁게 산책하고 있습니다.

그림 4-17 **겨울 폭풍 속 남극에서 산책하는 캥거루**

이번에는 프롬프트에 남아프리카, 요하네스버그, 아름다운 노을 등 이전과는 다른 상황을 제시했습니다(그림 4-18). 이는 Sora의 장면 적응력과 Sora가 프롬프트를 기반으로 특정 장소와 상황에 맞는 동영상을 생성할 수 있음을 보여줍니다.

예시 50 ◀ 기본 시나리오의 프롬프트 + 배경/장소 변화

PROMPT > An adorable kangaroo wearing purple overalls and cowboy boots taking a pleasant stroll in Johannesburg, South Africa during a beautiful sunset.

보라색 멜빵바지를 입고 카우보이 부츠를 신은 귀여운 캥거루가 아름다운 노을이 지는 남아프리카 요하네스버그에서 즐겁게 산책하고 있습니다.

그림 4-18 　아름다운 노을이 지는 남아프리카 요하네스버그에서 산책하는 캥거루

이번에는 프롬프트에 '아름다운 노을', '인도 뭄바이' 등 다른 상황과 장소를 제시했고(그림 4-19), Sora는 상황과 장소에 따라 영상의 스타일과 분위기를 조정했습니다.

예시 51 ◀ **기본 시나리오의 프롬프트 + 배경/장소 변화**

PROMPT >_ An adorable kangaroo wearing purple overalls and cowboy boots taking a pleasant stroll in Mumbai, India during a beautiful sunset.

보라색 멜빵바지를 입고 카우보이 부츠를 신은 귀여운 캥거루가 아름다운 노을이 지는 인도 뭄바이에서 즐겁게 산책하고 있습니다.

그림 4-19 　아름다운 노을이 지는 인도 뭄바이에서 산책하는 캥거루

모든 예시 프롬프트에 동일한 의상을 입은 캥거루가 묘사되어 있습니다(그림 4-20). Sora는 캐릭터의 일치성을 유지하면서 환경 변화에 따라 캐릭터의 움직임과 애니메이션 스타일을 조정할 수 있습니다.

예시 52 ◀ **기본 시나리오의 프롬프트 + 장소 변화**

PROMPT ▶ An adorable kangaroo wearing purple overalls and cowboy boots taking a pleasant stroll in Mumbai, India during a colorful festival.

보라색 멜빵바지를 입고 카우보이 부츠를 신은 귀여운 캥거루가 화려한 축제 기간의 인도 뭄바이에서 즐겁게 산책하고 있습니다.

그림 4-20 화려한 축제가 열리는 인도 뭄바이에서 산책하는 캥거루

둘째, Sora의 디자인 조정 기능은 한 단계 더 나아가 사용자가 제공한 감정 또는 분위기 키워드에 따라 동영상의 색상, 조명, 템포 등 디자인 요소를 지능적으로 조정하여 사용자의 의도와 일치하는 시청 경험을 만들어냅니다. '즐거운', '우울한', '신비로운', '따뜻한' 등 정교한 디자인 조정을 통해 완벽하게 원하는 분위기를 구현할 수 있습니다.

셋째, Sora는 효율적인 피드백 순환 메커니즘feedback loop mechanism을 구축했습니다. 이 메커니즘에서 사용자의 모든 수정이나 선호하는 선택은 시스템에 의해 세심하게 기록되고 분석되어, 후속 동영상 출력을 최적화하는 데 사용됩니다. 이와 같은 지속적인 최적화 과정은 시간이 지남에 따라 생성된 콘텐츠 품질을 계속 향상시키며, Sora가 사용자의 실제 요구와 기대에 더 부흥하게 만들 수 있도록 합니다.

즉, Sora 모델의 훈련 과정에서 NLU, 생성형 AI 모델, AI 기반 애니메이션 기술, 장면 구성과 정교한 렌더링, 커스터마이징과 지속적인 최적화의 융합은 혁신적인 기술 시너지 효과를 만들어냅니다. 이와 같은 시너지는 Sora 모델의 학습 효율성과 창작 능력을 향상시키고, 다음과 같이 동영상 제작 분야에 혁신을 가져왔습니다.

첫째, NLU 기술의 적용으로 Sora는 사용자의 텍스트 입력을 이해하고 텍스트에서 서술하는 미묘한 감정과 구체적인 정서를 포착하여 후속 동영상 생성에 풍부한 소재와 영감을 제공합니다.

둘째, 생성형 AI 모델은 이와 같은 이해를 바탕으로 텍스트와 일치하는 시각적 요소, 캐릭터의 움직임, 장면 분위기를 창의적으로 구축하여, 동영상의 기본 틀에 독특한 윤곽을 그려냅니다.

셋째, AI 기반 애니메이션 기술의 도입으로 정적 요소와 장면을 생동감 있게 표현합니다. 정교한 골격 시스템과 동역학 시뮬레이션을 통해 Sora는 모든 캐릭터와 물체에 활력을 불어넣고 더욱 사실적으로 만듭니다.

넷째, 장면 구성과 정교한 렌더링 기술은 동영상의 캐릭터와 물체에 사실적이고 세밀한 환경 배경을 만들어냅니다. 빛과 그림자의 상호작용부터 질감까지 모든 디테일이 정교하게 다듬어져 전체 동영상 화면을 마치 실제 세계처럼 매력적으로 보이게 합니다.

다섯째, 커스터마이징과 지속적인 최적화 기술은 사용자에게 더 많은 선택과 가능성을 제공합니다. Sora는 사용자 요구와 피드백에 따라 동영상을 커스터마이징하고 스타일, 색상, 템포 등 다양한 측면에서 미세 조정을 할 수 있어, 최종 작품이 사용자의 기대에 완전히 부합하도록 합니다. 동시에 자체 생성 기능과 학습 효율성을 지속적으로 최적화하여 나날이 증가하는 사용자 요구에 적응하고 이를 충족합니다.

다양한 기술의 시너지 효과를 통해 Sora는 동영상 제작 분야에서 전례 없는 능력을 보여주고 있습니다. 사용자의 간단한 설명만으로도 고품질 동영상 콘텐츠를 신속하게 생성할 수 있을 뿐만 아니라 스타일, 감정, 미학 등 여러 차원에서 사용자에게 개인화된 맞춤 옵션을 제공합니다. 즉, 모든 사용자가 Sora를 통해 자신의 독특한 창의성을 손쉽게 멋진 동영상 작품으로 변환할 수 있습니다.

Sora는 단순한 동영상 생성 도구가 아니라 강력한 창작 플랫폼입니다. 동영상 제작의 한계를 재정의하고 기술을 주도하는 창의적 혁신을 이끌 것입니다. 사용자는 무한한 가능성과 자유를 가지게 되고, 모든 아이디어와 창의성이 가장 완벽하게 표현되고 실현될 것입니다.

상세 기능:
Sora를 사용해
빠르게 동영상 생성하기

오픈AI의 Sora는 의심할 여지없이 동영상 창작 분야에 새로운 장을 열었습니다. 그 강력하고 편리한 기능을 통해 경험 많은 전문가부터 막 입문한 아마추어까지 모두 손쉽게 고품질 동영상을 제작할 수 있게 됐습니다. 이번 장에서는 텍스트-비디오, 이미지-비디오, 동영상 확장 등 Sora의 생성형 AI 기능을 소개합니다.

Sora의 텍스트-비디오 생성 기능

Sora가 공개되면서 동영상 제작에서 혁신적인 변화가 일어났습니다. 사용자가 제공한 텍스트 프롬프트를 독창적으로 활용하여 사실적이면서도 창의적인 동영상을 자동으로 생성하게 된 것입니다. 사용자가 간단한 장면을 제시하든 복잡한 스토리라인을 제시하든, Sora는 뛰어난 이해력으로 텍스트를 매력적이고 생동감 있는 동영상으로 절묘하게 변환합니다.

Sora의 텍스트-비디오 생성 기능은 동영상 제작 과정을 크게 단순화했을 뿐만 아니라, 사용자에게 전례 없는 창작 경험을 제공하고 있습니다. 이번 절에서는 새로운 사용자가 빠르게 Sora를 시작하고 텍스트-비디오 생성 기능을 경험할 수 있도록 Sora에 가입하고 사용하는 방법을 소개합니다.

5.1.1 Sora 가입 방법

Sora를 시작하기 위해 먼저 https://sora.com/에 접속하고, [Log in] 버튼을 클릭합니다.[1]

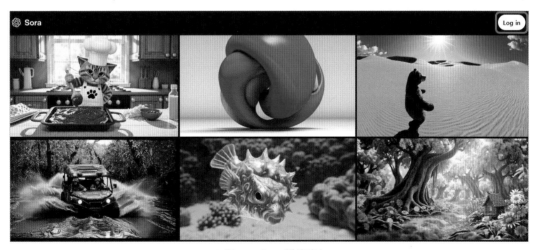

그림 5-1 **Sora 웹사이트**

1 　(옮긴이) 5.1절은 2024년 12월 Sora가 출시된 후 역자가 작성한 부분입니다.

OpenAI 아이디가 있다면 바로 로그인하고, 없다면 [회원 가입] 버튼을 누릅니다. [Google로 계속하기]를 누르면 구글 아이디로 가입하거나 로그인할 수 있습니다. 여기서는 구글 아이디로 Sora에 가입을 하겠습니다. [Google로 계속하기]를 클릭합니다. 로그인 후 이름과 생일을 입력하고, [계속] 버튼을 클릭합니다.

그림 5-2 **Sora 로그인**   그림 5-3 **이름과 생일 입력**

플랜을 선택하는 창이 뜹니다. ChatGPT Plus(플러스 요금제)는 한 달에 720p, 5초 동영상을 최대 50개까지 만들 수 있는 요금제로, 월 1,000크레딧이 제공되고(표 5-1 참고), 월 20달러입니다.

표 5-1 **크레딧 사용량**

해상도＼길이	5초	10초	15초	20초
480p 1:1	20	40	60	80
480p 16:9	25	50	100	150
720p 1:1	30	75	150	225
720p 16:9	60	180	360	540
1080p 1:1	100	300	650	1000
1080p 16:9	200	600	1300	2000

ChatGPT Pro(프로 요금제)는 한 달에 1080p, 20초 길이의 동영상을 최대 100개까지 만들 수 있는 요금제로, 다섯 개 동시 작업이 가능하며, 무제한 릴랙스드 모드relaxed mode가 가능합니다. 릴랙스드 모드를 사용하면 사이트 트래픽이 적을 때 동영상을 대기열에 추가할 수 있습니다. 더 높은 요금제를 사용하면 대기열에서 우선순위를 갖습니다. 또한 워터마크가 없이 동영상을 다운로드할 수 있습니다. 월 10,000크레딧이 제공되고, 월 200달러입니다.

여기서는 ChatGPT Plus를 결제해보겠습니다. [Get Plus] 버튼을 클릭합니다.

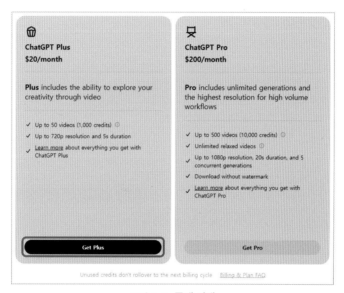

그림 5-4 플랜 선택

월 20달러라고 했지만, 부가가치세 10%가 포함되어 월 22달러가 결제되니 유의하세요(그림 5-6). 이제 결제 수단을 입력하고 [구독하기] 버튼을 클릭합니다. 구독할 경우 구독을 취소할 때까지 매달 자동 결제되므로, 사용하지 않을 때는 반드시 구독을 취소해야 합니다.

그림 5-5 결제 수단 입력

구독을 완료하면 플랜 창이 다시 뜨는데, 결제한 플랜의 [Continue] 버튼을 누릅니다.

그림 5-6 플랜 창

세 글자 이상의 사용자명(영어)을 입력하고 [Next] 버튼을 누릅니다.

그림 5-7 **사용자명 입력**

이제 프롬프트를 입력하는 창이 뜹니다. [Describe your video...] 칸에 원하는 프롬프트를 입력해보세요.

그림 5-8 **Sora 프롬프트 입력 창**

'A smiling black poodle dressed as Santa Claus(산타클로스 복장을 한 미소 짓는 검은색 푸들)'을 입력해보았습니다(영어로 입력하는 것이 아직은 정확도가 더 높습니다). ● 버튼을 누릅니다.

그림 5-9 **프롬프트 입력하기**

오른쪽 상단의 ① 버튼을 클릭하면 동영상을 생성 중인 것이 보입니다.

그림 5-10 **동영상 생성 중**

완료가 되면 좌측 메뉴의 [All videos] 버튼을 클릭하여 생성된 동영상을 확인할 수 있습니다.

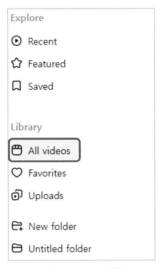

그림 5-11 **Sora 메뉴**

480p, 5초 길이의 동영상이 두 개 생성된 것을 볼 수 있습니다. 크레딧은 50크레딧 소모되었습니다(표 5-1 참고). 배경에 관한 프롬프트를 입력하지는 않았지만, 'dressed as Santa Claus(산타 클로스 복장을 한)'이라고 입력했기 때문에 크리스마스 느낌의 배경이 생성되었습니다.

그림 5-12 **Sora에서 생성된 동영상**

Sora 구독 취소 방법

구독 취소를 위해서는 오른쪽 상단의 프로필 사진을 클릭하고, [My plan] 버튼을 클릭합니다.

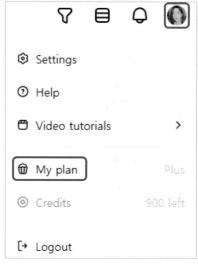

그림 5-13 **나의 플랜**

하단의 [Manage plan] 버튼을 클릭합니다.

그림 5-14 **플랜 관리하기**

결제한 요금제의 [Manage] 버튼을 클릭합니다.

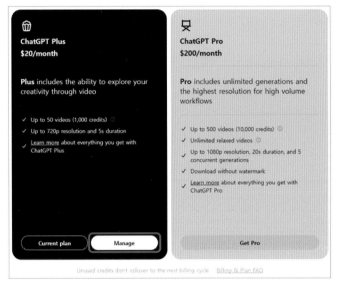

그림 5-15 **결제한 요금제 확인**

그럼 챗GPT 플랜 창이 뜹니다. [내 구독을 관리하세요] 버튼을 클릭합니다.

그림 5-16 **챗GPT 플랜 관리**

현재 구독에서 [구독 취소] 버튼을 클릭합니다.

그림 5-17 챗GPT 플랜 구독 취소

[구독 취소]를 다시 누르면 구독이 취소되고, 청구 기간이 종료되는 날짜까지 사용할 수 있습니다.

그림 5-18 챗GPT 플랜 구독 취소

5.1.3 Sora 사용법

앞선 예시에서는 아무것도 설정하지 않고 프롬프트만 작성해서 동영상을 생성해보았습니다. 이번엔 프롬프트 창의 메뉴를 알아보겠습니다.

그림 5-19 Sora 프롬프트 창

그림 5-19의 ⊕ 버튼을 누르면 그림 5-20과 같은 버튼 두 개가 뜹니다. 첫 번째 [Upload image or video] 버튼을 눌러 이미지나 동영상을 업로드할 수 있고, 두 번째 [Choose from library] 버튼을 누르면 Sora에서 생성한 동영상 중에 선택할 수 있습니다. 이렇게 업로드한 이미지와 동영상을 활용해 새로운 동영상을 생성할 수 있습니다.

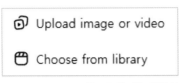

그림 5-20 **Sora 프롬프트 창 메뉴 업로드**

그림 5-19의 ▤ 버튼을 누르면 다섯 가지 프리셋 중 하나를 선택할 수 있습니다. 아무것도 선택하고 싶지 않으면 [None]을 클릭합니다.

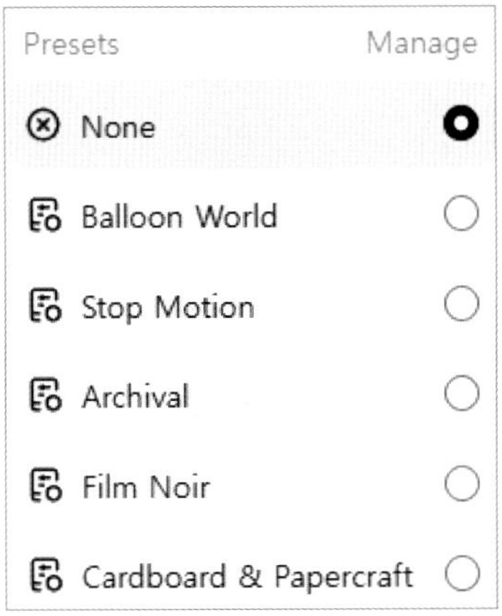

Presets	Manage
⊗ None	●
🎞 Balloon World	○
🎞 Stop Motion	○
🎞 Archival	○
🎞 Film Noir	○
🎞 Cardboard & Papercraft	○

그림 5-21 **Sora 프롬프트 창 메뉴 프리셋**

그림 5-19의 ⬭ 16:9 버튼을 누르면 비율을 선택할 수 있습니다. 기본값은 16 : 9입니다.

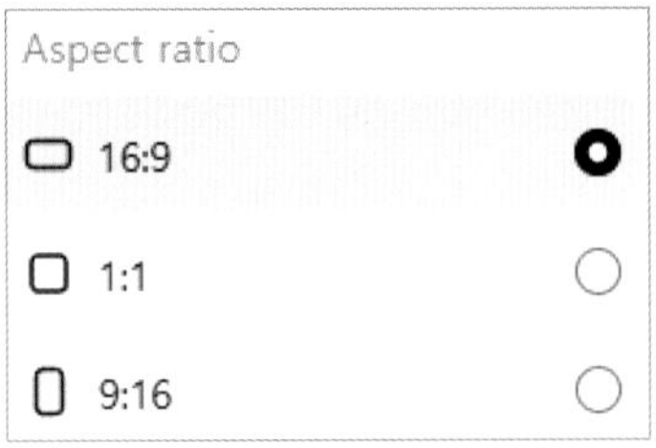

Aspect ratio	
⬭ 16:9	●
▢ 1:1	○
▯ 9:16	○

그림 5-22 **Sora 프롬프트 창 메뉴 비율**

그림 5-19의 ⬦ 480p 버튼을 누르면 해상도를 선택할 수 있습니다. 1080p(프로 요금제), 720p, 480p 중에 선택할 수 있습니다. 화질이 낮을수록 생성에 소요되는 시간이 적으며, 소모되는 크레딧도 적습니다.

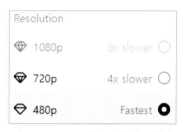

그림 5-23 Sora 프롬프트 창 메뉴 해상도

그림 5-19의 ⏱ 5s 버튼을 누르면 동영상의 길이를 설정할 수 있습니다. 플러스 요금제에서는 5초, 10초 동영상을 생성할 수 있으며, 프로 요금제에서는 5초, 10초, 15초, 20초 동영상을 생성할 수 있습니다.

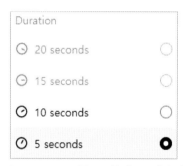

그림 5-24 Sora 프롬프트 창 메뉴 동영상 길이

그림 5-19의 ▦ 2v 버튼을 누르면 생성되는 동영상의 개수를 설정할 수 있습니다. 플러스 요금제에서는 한 개, 두 개 중 선택할 수 있으며, 프로 요금제에서는 한 개, 두 개, 네 개 중에 선택할 수 있습니다.

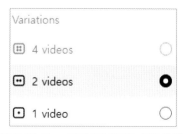

그림 5-25 Sora 프롬프트 창 메뉴 동영상 개수

그림 5-19의 (Storyboard) 버튼을 누르면 다음과 같이 스토리보드를 작성할 수 있습니다. 화면 중앙에 프롬프트를 쓰거나 이미지 또는 동영상을 업로드할 수 있습니다.

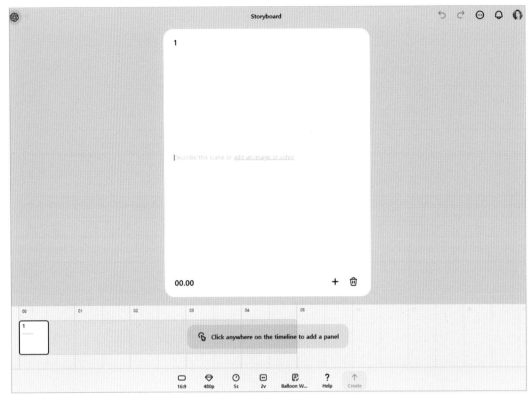

그림 5-26 **스토리보드**

하단의 타임라인 바를 클릭하면 새로운 보드가 생성되고, 해당 타임라인에 다른 프롬프트를 작성하거나 이미지 또는 동영상을 업로드할 수 있습니다. 다음 예시에서는 동영상 시작 부분 (00초)에 'A smiling black poodle dressed as Santa Claus(산타클로스 복장을 한 미소 짓는 검은색 푸들)'이라는 프롬프트를 작성했고, 동영상 시작 후 2초가 되는 시점에 'the poodle is wandering(푸들이 돌아다닌다)'이라는 프롬프트를 작성했습니다.

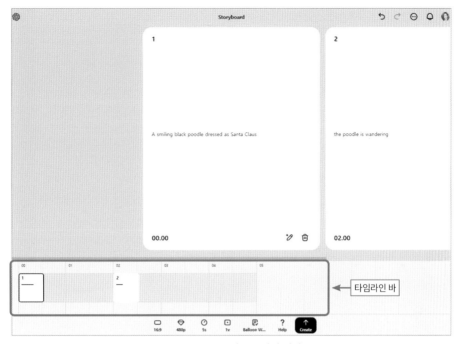

그림 5-27 **스토리보드 작성 예시**

생성된 동영상을 커스터마이징할 수도 있습니다. 생성된 동영상을 클릭하면 하단에 커스터마이징 메뉴들이 나옵니다.

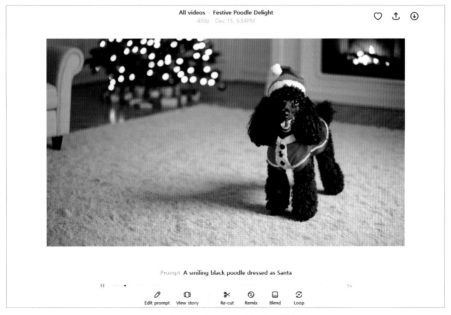

그림 5-28 **동영상 커스터마이징**

하단 우측의 [Re-cut], [Remix], [Blend], [Loop] 네 가지 버튼으로 커스터마이징이 가능합니다. 커스터마이징에도 크레딧이 소모되므로 유의하세요.

표 5-2 **동영상 커스터마이징 시 크레딧 사용량**

해상도 \ 길이	5초	10초	15초	20초
480p 1:1	4	4	4	4
480p 16:9	5	5	10	10
720p 1:1	6	9	15	15
720p 16:9	12	24	36	36
1080p 1:1	20	40	70	70
1080p 16:9	40	80	140	140

5.2 Sora의 기타 AI 생성 기능

앞서 Sora의 텍스트-비디오 기능을 자세히 살펴보았습니다. 이제 Sora의 더 다양하고 광범위한 AI 생성 기능에 주목해보겠습니다. Sora는 텍스트 입력만으로 동적 동영상을 생성할 수 있을 뿐만 아니라, 기존의 이미지와 동영상 소스를 유연하게 처리할 수 있습니다. 이와 같은 추가 입력 옵션은 Sora에게 새로운 이미지 및 동영상 편집 기능의 가능성을 열어주었습니다.

끊김 없는 루프 동영상 생성, 정적 이미지에 생동감 부여, 동영상 재생 시간 연장, 동영상의 전후 확장 등 어떤 것이든 Sora는 놀라운 정확성과 창의성으로 여러분의 시각적 상상력을 완벽하게 구현합니다. 이번 절에서는 Sora의 뛰어난 AI 생성 기능을 함께 살펴보고, Sora의 무한한 잠재력을 확인해보겠습니다.

5.2.1 이미지-비디오 생성: DALL-E 이미지로 애니메이션 만들기

Sora는 정적인 DALL-E 이미지를 생동감 있는 애니메이션 동영상으로 변환할 수 있습니다. 사용자가 DALL-E 이미지와 텍스트 프롬프트를 입력하면 Sora가 놀라운 창의력을 발휘하여 멋진 애니메이션 동영상을 생성합니다.

Sora의 애니메이션 제작 능력을 보여주고자 DALL-E로 생성한 몇 가지 이미지를 예시로 살펴보겠습니다. 해당 이미지들은 각기 다른 장면과 요소이지만, Sora의 마법 같은 능력으로 새로운 생명력과 활력을 불어넣을 수 있습니다.

첫 번째 이미지는 DALL-E를 사용하여 강아지를 의인화한 시바견의 모습입니다. 이를 Sora의 이미지-비디오image-to-video 생성 기능으로 동영상을 만들었습니다(그림 5-29). 정적 이미지와 비교하면 동영상 속 시바견의 동작이 어색함 없이 자연스럽다는 것을 알 수 있습니다.

더 나아가기 원본 이미지에서 시바견은 베레모를 쓰고 검은색 터틀넥을 입고 있습니다. 이와 같은 의상은 동영상에서도 선명하게 표현됐습니다. Sora가 베레모의 형태와 색상, 터틀넥의 질감과 이음새 등의 의상 특징을 정확하게 구현함으로써, 기본적인 이미지 특징들을 손실이나 변형 없이 자연스럽게 잘 유지한 것을 알 수 있습니다.

예시 53 ◢ DALL-E 이미지와 DALL-E 이미지로 만든 강아지 동영상

PROMPT ✕─ A Shiba Inu dog wearing a beret and black turtleneck.

베레모를 쓰고 검은색 터틀넥을 입은 시바견

그림 5-29 **귀여운 시바견**

두 번째 이미지는 DALL-E로 플랫 디자인flat design[1] 스타일의 몬스터 일러스트레이션을 생성한 것입니다. 이후 Sora의 이미지-비디오 생성 기능을 통해 동영상을 만들었습니다(그림 5-30). 이미지의 콘텐츠에 따라 동영상에는 각기 다른 외형과 색상을 가진 몬스터 캐릭터 네 개가

---

1 옮긴이 복잡한 효과를 배제하고 직관적으로 인식할 수 있도록 단순하게 구성하는 2차원 디자인 방식을 뜻합니다.

등장하며, 각 몬스터는 고유한 형태로 다르게 움직입니다.

더 나아가기 원본 이미지가 플랫 디자인 스타일이기 때문에 Sora는 동영상 생성 과정에서 간결하고 선명한 시각적 스타일을 유지하고, 복잡하거나 사실적인 렌더링 효과를 피해야 합니다.

예시 54 **DALL-E 이미지와 DALL-E 이미지로 만든 몬스터 애니메이션**

PROMPT > Monster Illustration in flat design style of a diverse family of monsters. The group includes a furry brown monster, a sleek black monster with antennas, a spotted green monster, and a tiny polka-dotted monster, all interacting in a playful environment.

다양한 몬스터 가족의 플랫 디자인 스타일 일러스트레이션. 털이 있는 갈색 몬스터, 안테나가 달린 매끈한 검은색 몬스터, 점박이 녹색 몬스터, 작은 물방울무늬 몬스터가 재미있게 상호작용합니다.

그림 5-30 **다양한 몬스터 가족**

세 번째 이미지는 DALL-E를 사용해 생성한 문자로 이루어진 구름입니다. Sora의 이미지-비디오 생성 기능으로 동영상을 만들었습니다(그림 5-31). 문자 구름을 동적으로 표현하여, 구름이 화면에서 점점 커지다가 사라지는 모습을 보여줍니다. Sora는 이미지 처리 기술을 사용해 사진을 포착하고 분석한 후, 사용자가 원하는 동영상 콘텐츠를 생성합니다.

예시 55 🎬 DALL-E 이미지와 DALL-E 이미지로 만든 문자 구름 동영상

PROMPT ⟩ An image of a realistic cloud that spells 'SORA'.
'SORA'라는 철자가 적힌 사실적인 구름 이미지

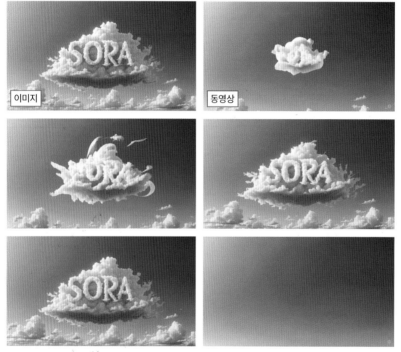

그림 5-31 **문자로 이루어진 구름 이미지**

네 번째 이미지는 DALL-E로 생성한 거대한 파도와 서퍼들이 있는 정적 이미지입니다. Sora의 이미지-비디오 생성 기능으로 동영상을 만들었습니다(그림 5-32). 사실적인 파도 애니메이션 효과를 볼 수 있으며, 서퍼들은 파도를 타면서 기술을 선보입니다.

> **더 나아가기** Sora는 이미지를 심층 분석하여 이미지의 각 요소(예: 파도, 서퍼 등)를 식별하고, 이와 같은 요소들이 동영상에서 동적인 효과로 나타나도록 만듭니다.

DALL-E 이미지와 DALL-E 이미지로 만든 파도를 타는 서퍼 동영상

PROMPT >

In an ornate, historical hall, a massive tidal wave peaks and begins to crash. Two surfers, seizing the moment, skillfully navigate the face of the wave.

화려한 역사적인 홀에서 거대한 파도가 정점을 찍고 부서지기 시작합니다. 순간을 포착한 두 명의 서퍼가 능숙하게 파도를 탑니다.

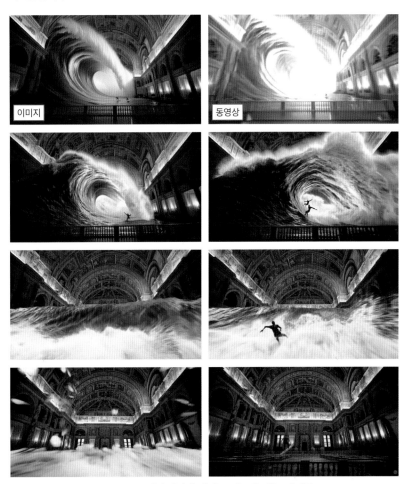

그림 5-32 **역사적인 홀에서 큰 파도를 타는 서퍼들**

DALL-E로 생성한 이미지를 기반으로 한 동영상을 보면 정적이었던 장면에 생명력이 부여된 것을 확인할 수 있습니다. 인물의 움직임은 자연스럽고 매끄러우며, 물체의 운동 궤적도 물리법칙과 완전히 부합합니다. 마치 가상 세계 전체가 살아 있는 것 같습니다. Sora의 정확한 애니메이션 렌더링 기술과 정밀한 세부사항 컨트롤 덕분에 가능한 일입니다. 이처럼 Sora는 정적 이미지를 생동감 있는 애니메이션 동영상으로 성공적으로 변환하여 사용자에게 완전히 새로운 시각적 경험을 제공할 수 있습니다.

5.2.2 비디오-비디오 생성: 동영상 길이를 앞뒤로 확장

Sora의 비디오-비디오video to video 기능은 사용자가 업로드한 원본 동영상을 앞 또는 뒤로 확장하여 동영상 길이를 늘립니다. 지금부터 살펴볼 세 개의 동영상은 모두 동영상 시작 부분이 확장된 것입니다. 이 동영상들의 시작 부분은 각기 다르지만 결국 모두 같은 결말에 도달합니다. 비디오-비디오 생성이므로 프롬프트는 사용하지 않았습니다.

첫 번째 동영상을 봅시다. 동영상 시작 부분에서 케이블카가 공중에 떠 있다가 카메라가 갑자기 아래로 급격하게 내려갑니다. 케이블카도 지상의 선로로 돌아오고, 점차 도심 속으로 들어갑니다. 엔딩 크레딧이 나옵니다(그림 5-33).

그림 5-33 샌프란시스코의 공중 케이블카 ❶

두 번째 동영상을 봅시다. 동영상 시작 부분에서는 첫 번째 동영상과 마찬가지로 케이블카가 공중에 떠 있지만, 카메라 시점은 첫 번째 동영상의 후면 촬영과 다르게 측면에서 시작됩니다. 그 후 카메라가 아래로 급격히 내려가고, 케이블카도 지상의 선로로 돌아오며, 점차 도심 속으로 들어갑니다. 엔딩 크레딧이 나옵니다(그림 5-34).

그림 5-34 샌프란시스코의 공중 케이블카 ❷

전체 동영상 재생 과정에서 동영상의 시작, 중간, 끝 부분에 관계없이 케이블카에 있는 글자가 일치합니다. 이와 같은 장기적 일치성으로 인해 Sora가 동영상을 생성할 때 내용의 논리적 일치성과 일관성을 유지할 수 있으며, 이를 통해 동영상의 품질과 시청 경험이 향상됩니다.

세 번째 동영상을 보겠습니다. 동영상 시작 부분에서 케이블카가 천천히 상승합니다. 도시의 높은 곳에 도달한 후, 케이블카는 도시 지상의 선로로 돌아와 점차 도심 속으로 들어갑니다. 엔딩 크레딧이 나타납니다(그림 5-35).

그림 5-35 샌프란시스코의 공중 케이블카 ❸

AI 동영상 분야에서 동영상 확장은 중요한 기능으로, 더욱 풍부하고 흥미로운 동영상 콘텐츠를 만드는 데 도움을 줍니다. Sora가 제공하는 동영상 확장 기능을 통해 동영상을 매끄럽고 자연스럽게 만들 수 있을 뿐만 아니라, 동영상의 길이와 템포를 유연하게 조절할 수 있습니다.

동영상을 뒤에서 확장하면 시청자가 동영상의 줄거리와 인물 관계를 더 깊이 이해할 수 있어 이야기가 더 흥미로워집니다. 동영상을 앞으로 확장하면 동영상의 특정한 디테일과 장면을 더 잘 보여줄 수 있어 시청자가 동영상의 주제와 핵심을 명확히 이해할 수 있습니다.

Sora의 비디오-비디오 생성 기능을 통해 동영상을 앞뒤로 확장하여 끊김 없는 루프 동영상도 만들 수 있습니다. 그림 5-36의 동영상은 끝없이 이어지는 것 같은 사이클 장면을 통해 시청자가 라이더의 숲속 모험을 실제로 체험하는 듯한 느낌을 줍니다.

동영상은 앞에 있는 라이더가 숲속을 가로지르는 장면을 1인칭 시점으로 보여주는데, 동영상의 시작과 끝이 교묘하게 연결되어, 마치 라이더의 사이클 장면이 끝나지 않는 것처럼 보입니다.

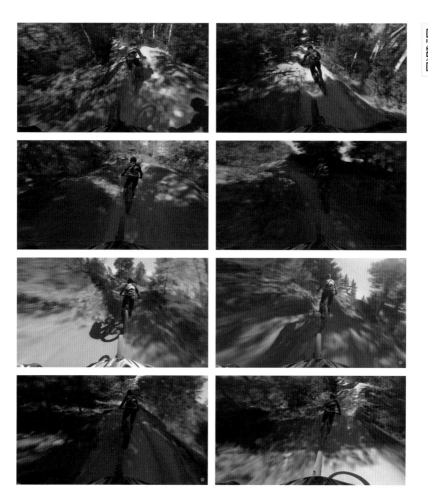

그림 5-36 **끝없는 사이클 장면**

이와 같은 동영상 확장 기능은 동영상 편집과 애니메이션 제작에 매우 유용합니다. 예를 들어 이어붙인 티가 나지 않게 배경 반복 효과를 주거나 특정 장면을 계속 반복하고 싶다면, 이와 같은 끊김 없는 무한 반복 기술이 유용합니다.

Sora는 각 프레임의 콘텐츠와 전환되는 부분을 정확하게 컨트롤하여, 동영상이 재생되는 동안 끝없는 루프처럼 보이게 할 수 있습니다. 이는 시청자에게 더욱 몰입감 있는 경험을 제공할 뿐만 아니라 동영상 콘텐츠를 더욱 생동감 있고 흥미롭게 만듭니다.

이 기술은 배경이나 특수 효과 외에도 동적 패턴, 회전하는 3D 객체 등 재미있는 여러 가지 시각 효과를 만드는 데 사용할 수 있습니다. 상상할 수 있는 것이라면 Sora의 끊김 없는 무한 반복 기술을 통해 모두 현실로 만들 수 있습니다.

즉, Sora의 동영상 확장 기능은 동영상 편집에 더 많은 가능성과 유연성을 제공하므로 더 자유롭게 원하는 동영상 콘텐츠를 만들 수 있습니다.

5.2.3 비디오-비디오 편집: 동영상 스타일과 환경 바꾸기

Sora의 비디오-비디오 편집 기능은 SDEdit이라는 확산 모델을 사용해 이미지와 동영상을 텍스트 프롬프트로 편집하는 기능입니다. SDEdit 확산 모델을 통해 제로샷으로 입력 동영상의 스타일과 환경을 바꿀 수 있습니다. 사용자가 원하는 장면, 분위기, 스타일을 텍스트로 설명만 하면 빠르게 사실적인 동영상으로 변환합니다.

> **더 나아가기** 제로샷 편집 방식은 사용자가 사전에 예시 동영상을 제공하거나 복잡한 매개변수를 조정할 필요가 없습니다. Sora는 텍스트 프롬프트에서 직접 사용자의 의도를 포착하고, 자동으로 편집합니다. 이는 편집의 효율성과 편의성을 높일 뿐만 아니라, 사용자에게 더욱 개성 있고 창의적인 동영상 편집 경험을 제공합니다.

SDEdit 확산 모델을 사용하여 텍스트 프롬프트를 통해 생성한 동영상을 커스터마이징 방식으로 편집할 수 있습니다. 단순히 잘라내기나 효과를 추가하는 것뿐만 아니라 동영상의 전체적인 스타일과 환경을 완전히 바꿀 수도 있습니다.

그림 5-37과 그림 5-38의 동영상을 보면 일치성을 매끄럽게 유지하면서 동영상의 전체 스타일을 정글 환경과 어우러지도록 만들었습니다.

예시 57 **원본 동영상**

PROMPT > A red sports car driving down a road in the woods and trees in the background.

숲과 나무 사이를 달리는 빨간 스포츠카

그림 5-37 '정글을 질주하는 스포츠카' 원본 동영상

예시 58 **편집 후 동영상**

PROMPT >_ Change the setting to be in a lush jungle.

배경을 울창한 정글로 바꿉니다.

그림 5-38 '정글을 질주하는 스포츠카' 편집 후 동영상

SDEdit와 같은 비디오-비디오 편집 기술은 Sora에 엄청난 잠재력과 혁신을 가져다주었습니다. 배경을 도시 거리에서 평화로운 시골 들판으로 바꾸고 싶거나 동영상의 전체적인 색조를 따뜻한 색으로 바꿔 아늑한 분위기를 연출하고 싶을 때도 SDEdit로 쉽게 실현할 수 있습니다.

5.2.4 동영상 연결 기능: 매끄러운 전환 효과

Sora의 동영상 연결 기능은 두 개의 입력 동영상을 점진적으로 보간하여 주제와 장면이 완전히 다른 두 개의 동영상이 매끄럽게 전환되도록 만들어줍니다. 다음 예시에서 중간 부분의 동영상은 앞뒤 동영상을 보간하여 서로 다른 스타일과 주제를 가진 동영상을 절묘하게 연결했습니다. 즉, 더욱 일관되고 매력적인 시각 효과를 만들어냈습니다.

다음 예시는 드론 영상과 나비 영상의 절묘한 결합을 보여줍니다. ❶에서는 드론이 고대 로마 건축물의 웅장한 공간을 자유롭게 날아다니고, ❷에서는 노란 나비가 바다의 산호초 사이에서 우아하게 춤을 춥니다.

예시 59 ▶ **드론 영상과 나비 영상 연결하기 ❶**

PROMPT > A drone flew over the ancient Roman architectural complex.
드론이 고대 로마 건축물의 상공을 비행합니다.

그림 5-39 **고대 로마 건축물 사이를 나는 드론**

PROMPT >_ A butterfly flies on a coral reef in the seawater, surrounded by other corals and seaweed, as well as water, underwater environment, micro photography, ecological art.

나비가 바닷속 산호초 위를 날아다닙니다. 나비는 다른 산호와 해초 등에 둘러싸여 있습니다. 해양 환경, 마이크로 포토그래피, 에콜로지컬(생태학적) 아트

그림 5-40 바닷속 산호초 위를 나는 나비

그림 5-41 드론 영상과 나비 영상을 연결한 최종 동영상

두 동영상을 절묘하게 연결하여, 드론이 건축물의 틈새를 통과한 후 나비로 변하는 장면을 만들어냈습니다(그림 5-41). 이와 같은 매끄러운 장면 전환과 연결은 전혀 관련 없어 보이는 두 장면을 절묘하게 연결하여 완전히 새로운 시각적 경험을 만들어냅니다.

더 나아가기 풍경 장면과 도시 장면을 합치든, 역사적 장면을 현대적 장면과 합치든, Sora는 모두 매끄럽게 전환합니다. 시청자는 영상을 보는 동안 어색함이나 끊김을 느끼지 않습니다.

다음 예시는 오프로드 자동차 영상과 표범 영상을 절묘하게 결합했습니다. ❶에서는 카메라가 오프로드 자동차를 따라가며, 자동차가 가속하여 가파른 언덕을 오르는 장면을 보여주고, ❷에서는 카메라가 한 마리의 표범을 따라가며, 표범이 교목과 관목이 가득한 울창한 숲을 누비는 모습을 보여줍니다.

예시 61 🎥 **오프로드 자동차 영상과 표범 영상 연결하기 ❶**

PROMPT >

The camera follows behind a white vintage SUV with a black roof rack as it speeds up a steep dirt road surrounded by pine trees on a steep mountain slope, dust kicks up from it's tires, the sunlight shines on the SUV as it speeds along the dirt road, casting a warm glow over the scene. The dirt road curves gently into the distance, with no other cars or vehicles in sight. The trees on either side of the road are redwoods, with patches of greenery scattered throughout. The car is seen from the rear following the curve with ease, making it seem as if it is on a rugged drive through the rugged terrain. The dirt road itself is surrounded by steep hills and mountains, with a clear blue sky above with wispy clouds.

카메라가 검은색 루프랙이 달린 흰색 빈티지 SUV의 뒤를 따라갑니다. SUV는 소나무로 둘러싸인 가파른 산비탈의 흙길을 따라 속도를 높이고 있으며, 타이어에서는 먼지가 날립니다. SUV가 흙길을 달리는 동안 햇볕이 따뜻한 빛을 드리웁니다. 흙길은 멀리 완만하게 구부러져 있고 다른 차량은 보이지 않습니다. 길 양쪽의 나무들은 모두 삼나무이며, 곳곳에 녹색 식물들이 자라고 있습니다. 차가 쉽게 커브를 따라 주행하는 모습은 험난한 지형을 달리는 것처럼 보입니다. 흙길은 가파른 언덕과 산으로 둘러싸여 있고, 그 위로 푸른 하늘과 가는 구름이 펼쳐져 있습니다.

그림 5-42 가파른 언덕을 오르는 오프로드 자동차

예시 62 **오프로드 자동차 영상과 표범 영상 연결하기 ❷**

PROMPT >_ The camera follows a agile leopard, weaving through the dense forest covered with trees and shrubs, displaying its wild power and agile posture.

카메라가 민첩한 표범을 따라갑니다. 표범은 나무와 관목으로 뒤덮인 울창한 숲을 누비며 야생의 힘과 민첩한 자세를 보여줍니다.

그림 5-43 울창한 숲을 누비는 표범

두 동영상을 절묘하게 연결하여 다음과 같은 영상을 만들었습니다(그림 5-44). 먼저 오프로드 자동차가 달립니다. 그다음 표범이 튀어나와 오프로드 자동차의 뒤를 쫓고, 오프로드 자동차가 가속하며 화면에서 사라집니다. 그리고 표범이 계속 달려 울창한 숲으로 들어가는 장면으로 마무리됩니다.

그림 5-44 오프로드 자동차 영상과 표범 영상을 연결한 최종 동영상

Sora는 끊김 없이 장면을 전환할 수 있는 높은 유연성과 확장성을 가지고 있습니다. 사용자는 자신의 창의성과 필요에 따라 보간 속도와 전환 방식을 조절하여 최상의 시각 효과를 만들 수 있습니다. 동시에 음향 효과, 자막 등 다른 동영상 편집 도구와 기술을 결합하여 동영상의 매력과 표현력을 더욱 높일 수 있습니다.

Sora는 이미지 생성 기능도 갖추고 있습니다.[2] 공간 그리드spatial grid에 가우시안 노이즈 패치 Gaussian noise patch를 배열하고, 각 패치의 시간 범위를 한 프레임으로 설정하여 이미지를 생성합니다. 다양한 크기의 이미지를 생성할 수 있으며, 최대 해상도는 2048×2048입니다.

Sora의 이미지 생성 기능은 딥러닝 알고리즘과 컴퓨터 비전 기술을 기반으로 합니다. 모델은 가우시안 노이즈 패치를 입력으로 사용해, 랜덤 노이즈random noise를 의미 있는 이미지로 변환하는 방법을 학습합니다. 이 생성 과정은 빠를 뿐만 아니라 높은 유연성을 갖추고 있어 필요에 따라 다양한 크기와 해상도의 이미지를 생성할 수 있습니다.

지금부터 Sora가 생성한 이미지를 살펴보겠습니다. 먼저 가을날 한 여인을 클로즈업한 인물 사진입니다.

예시 63 ▶ 클로즈업 인물 사진

PROMPT ▶ Close-up portrait shot of a woman in autumn, extreme detail, shallow depth of field
가을의 여성 클로즈업 인물 사진, 익스트림 디테일, 얕은 피사계 심도

그림 5-45 **가을 여인의 클로즈업 인물 사진**

---

2 옮긴이 Sora의 베타 버전에서는 이미지 생성 기능이 있었으나, 공식 출시 버전에서는 동영상 생성에 집중하며 이 기능이 제거되었습니다. 대신 챗GPT의 [GPT 탐색] 메뉴에 들어가서 DALL-E를 찾아 프롬프트를 입력하면 이미지를 생성할 수 있습니다.

1. **Close-up portrait shot(클로즈업 인물 사진)** 이미지가 여성의 얼굴이나 상반신에 초점을 맞춘 근접 사진이어야 한다는 것을 나타냅니다. 이는 피사체의 감정, 디테일, 표정을 포착하기 위함입니다.

2. **of a woman(여성의)** 피사체가 여성임을 밝혀, 모델이 부드러운 곡선, 섬세한 피부 질감 등 여성의 특징을 가진 초상화를 생성하는 데 도움을 줍니다.

3. **in autumn(가을에)** 이미지에 계절적 배경을 제공하며, 이는 이미지의 색조와 분위기에 영향을 줍니다.

4. **extreme detail(익스트림 디테일)** 이미지의 디테일이 매우 높은 수준이어야 한다는 것을 나타냅니다.

5. **shallow depth of field(얕은 피사계 심도)** 촬영 기술 용어로, 렌즈의 초점 범위가 매우 좁다는 것을 의미합니다. 이는 주요 대상을 강조하고 시청자의 주의를 주체에 집중시키는 데 사용되며, 배경은 부드럽게 흐려집니다.

다음은 다채로운 생물로 가득한 산호초 이미지입니다.

예시 64 **색이 선명하고 풍부한 사진**

PROMPT > Vibrant coral reef teeming with colorful fish and sea creatures
다채로운 물고기와 바다 생물로 가득한 생동감 넘치는 산호초

그림 5-46 **생동감 넘치는 산호초**

1. **Vibrant coral reef(생동감 넘치는 산호초)** 이미지의 배경 설명과 함께 이미지의 색상이 매우 선명하고 풍부해야 한다는 것을 나타냅니다.

2. **teeming with(~로 가득한)** 산호초 위 생물의 수와 다양성을 강조하여, 이미지에 많은 해양 생물이 표시되어야 한다는 것을 나타냅니다.

3. **colorful fish(다채로운 물고기)** 이미지에 다양한 색상의 물고기가 포함되어야 한다는 것을 지적하며, 산호초와 뚜렷한 대비와 보완을 이룹니다.

4. **and sea creatures(그리고 해양생물)** 해양생물의 다양성을 더욱 확장하여 물고기뿐만 아니라 다른 해양생물도 포함하여 장면에 더 많은 디테일과 복잡성을 더합니다.

다음으로 사과나무 아래의 새끼 호랑이 매트 페인팅 이미지를 보겠습니다.

예시 65 　디지털 아트

PROMPT > Digital art of a young tiger under an apple tree in a matte painting style with gorgeous details

사과나무 아래 새끼 호랑이의 디지털 아트, 매트 페인팅 스타일, 화려한 디테일

그림 5-47 **사과나무 아래의 새끼 호랑이 매트 페인팅**

1. **Digital art(디지털 아트)** 이미지가 디지털 방식으로 제작됐다는 것을 나타내며, 이미지의 스타일과 디테일이 매우 정교함을 의미합니다.

2. **of a young tiger**(새끼 호랑이의) 이미지의 주요 요소를 나타냅니다.

3. **under an apple tree**(사과나무 아래) 이미지의 배경 요소를 제공합니다.

4. **in a matte painting style**(매트 페인팅 스타일) 영화나 TV 특수 효과에서 자주 사용되는 특별한 그림 스타일로, 사실적인 배경이나 환경을 만드는 데 사용됩니다. 매트 페인팅은 일반적으로 디테일이 정교하고 색상이 풍부하며, 원근감과 빛과 그림자에 중점을 둡니다.

5. **with gorgeous details**(화려한 디테일) 이미지에 디테일이 많아야 한다는 것을 강조하며, 이미지의 사실감과 시각적 매력을 높입니다.

마지막으로 눈 덮인 산속 마을 사진입니다.

예시 66 **DSLR 촬영처럼 사실적인 사진**

PROMPT >_ A snowy mountain village with cozy cabins and a northern lights display, high detail and photorealistic dslr, 50mm f/1.2

아늑한 오두막과 오로라가 있는 눈 덮인 산속 마을, 높은 디테일, 포토리얼리스틱 DSLR, 50mm 렌즈, f/1.2 조리개

그림 5-48 눈 덮인 산속 마을 사진

1. **snowy mountain village**(눈 덮인 산속 마을) 이미지의 배경이 눈 덮인 산속 마을임을 나타내며, 차갑고 고요한 분위기를 조성합니다.

2. **cozy cabins**(아늑한 오두막) 마을에 따뜻한 느낌의 오두막들이 있다는 것을 나타내며, 이 오두막들은 전통적인 스타일로 설계됐습니다.

3. **Northern lights display(오로라)** 이 프롬프트에서 가장 매력적인 요소로, 다채로운 색상의 오로라는 눈 덮인 산 그리고 아늑한 오두막과 선명한 대비를 이루어 신비롭고 낭만적인 분위기를 더합니다.

4. **high detail(높은 디테일)** 생성하는 이미지가 높은 디테일을 포함해야 하고, 화면에 흐림이나 왜곡이 없어야 한다는 것을 요구합니다.

5. **photorealistic dslr(포토리얼리스틱 DSLR)** 이미지가 사진 수준의 사실감을 가져야 하며, DSLR 카메라로 촬영한 사진처럼 사실적이고 매력적이어야 한다는 것을 의미합니다.

6. **50mm** 표준 렌즈 초점 거리 매개변수로, 광각의 풍경을 촬영할 수 있습니다.

7. **f/1.2** 렌즈의 조리개가 매우 크게 열려 있다는 것을 나타내며, 낮은 조명 환경에서도 밝고 선명한 이미지를 포착할 수 있고, 강한 심도 효과를 생성하여 전경과 배경 사이의 대비를 뚜렷하게 할 수 있음을 의미합니다.

Sora의 이미지 생성 기능은 Sora를 더욱 강력한 도구로 만들고, 다양한 분야에서 큰 역할을 할 수 있게 합니다. 또한 동영상 제작에 색채를 더하거나 게임 개발에 고품질 이미지 리소스를 제공하는 등 사용자에게 뛰어난 경험을 제공합니다.

MEMO

프롬프트 작성:
프롬프트 최적화로
Sora의 생성 효과 높이기

Sora는 강력한 텍스트-비디오 생성 모델로, 사용자에게 무한한 창작 가능성을 제공합니다. 창작 가능성을 충분히 발휘하려면 상상력이 풍부하고 정확한 프롬프트(텍스트 설명, 텍스트 명령)를 작성하는 것이 매우 중요합니다. 텍스트 프롬프트는 마법 주문처럼 Sora가 놀라운 동영상 콘텐츠를 만들도록 이끌고 있습니다.

Sora 프롬프트 작성의 기본

Sora에서 프롬프트를 작성할 때 사용자는 단어와 구문이 모델에 확실하게 전달될 수 있도록 자신의 목표와 의도를 명확히 해야 합니다. 그래야 모델이 잠재력을 충분히 발휘하여 다양하고 매력적인 동영상을 만들 수 있습니다. 이번 절에서는 최상의 동영상을 생성하기 위해 Sora 프롬프트 작성의 기본을 소개합니다.

6.1.1 동영상 요소를 명확하고 구체적으로 설명하기

Sora의 텍스트-비디오 생성 모델을 사용할 때는 기대에 부합하는 동영상 콘텐츠를 생성하기 위해 상세하고 구체적으로 프롬프트를 작성하는 것이 매우 중요합니다. 모델이 사용자의 의도를 정확히 파악하고 그에 맞는 동영상을 생성할 수 있도록, 원하는 동영상 요소(예: 인물, 동작, 환경 등)를 프롬프트에서 명확히 설명해야 합니다(그림 6-1).

예시 67 원하는 요소를 명확하게 설명한 동영상

PROMPT > A corgi vlogging itself in tropical Maui.

열대 마우이섬에서 브이로그를 촬영하는 코기

그림 6-1 브이로그를 촬영하는 코기

그림 6-1은 '열대 마우이섬에서 동영상을 촬영하는 코기'라는 프롬프트 입력에 따라 Sora가 생동감 있고 재미있게 만든 동영상 장면입니다. 이와 같은 설명은 Sora에 명확한 정보를 충분히 제공하여, 기대에 부합하는 동영상 내용을 생성하게 합니다.

6.1.2 장면의 디테일을 자세히 설명하기

Sora의 프롬프트에서는 색상, 조명, 질감 등 장면의 모든 디테일을 가능한 한 자세히 설명해야 합니다. 다음은 '교외 주택의 창턱에서 꽃이 자라는 스톱 모션 애니메이션'이라는 프롬프트 예시입니다(그림 6-2).

예시 68 ◀ 디테일하게 장면을 설명한 동영상

PROMPT >_ A stop motion animation of a flower growing out of the windowsill of a suburban house.

교외 주택의 창턱에서 꽃이 자라는 스톱 모션 애니메이션

그림 6-2 꽃이 자라는 스톱 모션 애니메이션

이번 예시는 Sora가 생성할 동영상의 디테일을 더 잘 이해하고 생성하는 데 도움이 되는 프롬프트입니다. 하나씩 살펴보겠습니다.

1. **애니메이션 유형**

   'stop motion animation(스톱 모션 애니메이션)'이라고 명확히 언급했습니다. 스톱 모션 애니메이션은 정적인 장면들을 연속으로 재생하여 동적 효과를 만드는 애니메이션 형식입니다. 명확한 설명은 모델이 동영상의 기본적인 스타일과 기술 요구사항을 결정하는 데 도움이 됩니다.

2. **주체와 장면**

   'a flower growing out of the windowsill(창턱에서 자라는 꽃)'은 동영상의 주체가 꽃이며, 이 꽃이 교외 주택의 창턱에 있는 화분에서 자라고 있음을 나타냅니다. 이 디테일은 모델에 장면 설정과 주체의 행위에 대한 명확한 지침을 제공합니다.

3. **환경 분위기**

   'suburban house(교외 주택)'라는 설명을 통해 동영상에 특정한 환경, 즉 조용하고 편안한 교외를 설정했습니다. 이는 모델이 동영상을 생성할 때 이와 같은 분위기를 조성하기 위해 조명, 색상, 배경 요소를 고려하는 데 도움이 됩니다.

4. **스토리라인**

   'growing(자라는)'은 동영상이 꽃의 성장 과정을 보여줄 것임을 의미합니다. 이는 발아에서 개화까지의 다양한 단계를 포함합니다. 이 성장 과정에 대한 설명은 모델에 동영상 콘텐츠의 타임라인과 주요 이벤트를 제공합니다.

6.1.3 창의적으로 프롬프트 사용하기

사용자가 창의력을 발휘하여 프롬프트에서 새로운 조합과 아이디어를 시도하다 보면 모델의 상상력을 자극하여 매우 흥미로운 동영상을 생성해낼 수 있습니다.

그림 6-3은 창의성과 상상력이 가득한 프롬프트로 생성된 것입니다. Sora는 전통적이지 않은 새로운 장면을 만들어냈습니다.

예시 69 ▶ 상상력이 가득한 프롬프트 사용

PROMPT >.. New York City submerged like Atlantis. Fish, whales, sea turtles and sharks swim through the streets of New York.

뉴욕시가 아틀란티스처럼 물에 잠겼습니다. 물고기, 고래, 바다거북, 상어가 뉴욕의 거리를 헤엄치고 있습니다.

그림 6-3 뉴욕 거리에서 헤엄치는 물고기 무리

프롬프트의 생성 효과를 살펴보겠습니다.

1. **창의적 융합**

   프롬프트는 완전히 다른 요소들('뉴욕의 거리'와 '물고기, 고래, 거북이, 상어')을 성공적으로 융합했습니다. 이처럼 창의적인 융합은 모델에 광범위한 상상 공간을 제공하여, 독특하면서도 매력적인 동영상 콘텐츠를 생성할 수 있게 합니다.

2. **장면 설정**

   'New York City submerged like Atlantis(아틀란티스처럼 잠긴 뉴욕시)'라는 설명을 통해 프롬프트는 독특한 배경을 설정했습니다. 이 설정은 새로우면서도 이어지는 요소(거리에서 헤엄치는 해양생물)에 대해 합리적인 배경을 제공합니다.

3. **캐릭터와 환경의 상호작용**

   프롬프트에서 'Fish, whales, sea turtles and sharks(물고기, 고래, 거북이, 상어)' 같은 해양생물을 언급하면서 거리에서 헤엄치고 있다고 설명했습니다. 이와 같은 캐릭터와 환경의 상호작용은 동영상에 재미와 신선함을 더합니다.

사실 이와 같은 프롬프트는 Sora에게 '도전'입니다. 모델이 다양한 요소를 이해하고 융합하면서 동시에 논리적이고 시각적인 일치성을 유지해야 하기 때문입니다. 도전은 모델에게 창의력을 발휘할 기회를 제공하며, 더욱 독특하고 흥미로운 동영상 콘텐츠를 생성하도록 합니다.

6.1.4 매력적인 캐릭터와 플롯 구상하기

Sora의 프롬프트를 작성할 때 사용자는 매력적인 캐릭터와 플롯을 구상할 수 있습니다. 흥미로운 동영상은 종종 재미있고, 독특하며, 감정이 풍부한 캐릭터를 중심으로 전개됩니다. 이와 같은 캐릭터들은 잘 설계된 플롯 속에서 각자의 매력과 이야기를 보여줍니다.

그림 6-4는 매력적인 캐릭터와 플롯이 포함된 따뜻하고 재미있는 한 가정의 모습을 작성한 프롬프트로 생성됐습니다.

예시 70 흥미로운 플롯 활용

PROMPT >_ A cat waking up its sleeping owner demanding breakfast. The owner tries to ignore the cat, but the cat tries new tactics and finally the owner pulls out a secret stash of treats from under the pillow to hold the cat off a little longer.

고양이가 잠자는 주인을 깨워 아침 식사를 요구합니다. 주인은 고양이를 무시하려고 하지만 고양이는 새로운 전술을 시도하고, 결국 주인은 베개 밑에 숨겨둔 간식을 꺼내어 고양이가 조금 더 기다리게 합니다.

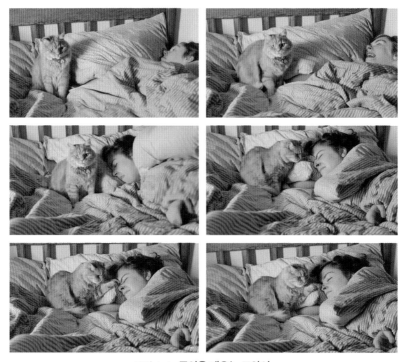

그림 6-4 주인을 깨우는 고양이

프롬프트를 살펴보겠습니다.

1. 캐릭터 설정

주인공인 고양이는 똑똑하고 영리하며 집요한 성격을 가지고 있습니다. 주인을 깨워 아침을 달라고 요구하는 고양이의 행동은 활발함과 독립성을 보여줍니다. 주인은 잠에서 깬 후의 무기력함과 고양이에 대한 애정을 보여줍니다. 주인은 고양이의 요구를 무시하려고 하지만, 결국 고양이의 다양한 전략에 지고 맙니다.

2. 플롯 설계

갈등과 반전을 교묘하게 배치한 프롬프트입니다. 초기 갈등은 고양이가 아침을 달라고 요구하는 것과 주인이 계속 자고 싶어 하는 것에서 비롯됩니다. 고양이가 다른 전술을 시도함에 따라 플롯이 점차 고조됩니다. 결국 베개 밑에서 숨겨진 간식을 꺼내 고양이를 일시적으로 달래는 주인의 모습은 고양이에 대한 애정을 보여주는 동시에 고양이와 주인 사이의 깊은 감정적 유대를 나타냅니다.

3. 교묘한 서스펜스와 클라이맥스 설정

고양이는 어떤 새로운 전술을 사용할까요? 주인은 어떻게 대응할까요? 마지막에 주인이 꺼낸 비밀 간식은 무엇일까요? 이와 같은 서스펜스는 시청자의 호기심을 자극하고, 동영상이 보여주는 답을 기대하게 만듭니다.

더 나아가기 Sora의 공식 데모 영상을 보면 몇 가지 결함을 발견할 수 있습니다. 인물의 손 위치가 이상하거나 고양이에게 발톱이 하나 더 있거나 프롬프트에서 설명한 결말이 영상 마지막에 나타나지 않는다는 것 등입니다. 이는 모델이 여러 물체나 복잡한 장면을 처리할 때의 한계 때문입니다. 이 문제를 해결하기 위해 장면을 단순화하거나 더 정확한 물체 설명을 제공하면 모델의 처리 부담을 줄일 수 있습니다.

6.1.5 단계별 가이드 방식으로 프롬프트 구성하기

먼저 전체 장면과 배경을 설명한 다음, 점진적으로 캐릭터, 동작, 플롯을 도입하는 단계별 가이드 방식으로 프롬프트를 구성할 수 있습니다. 이 방법은 Sora가 사용자의 의도를 더 잘 이해하고 기대에 부합하는 동영상 콘텐츠를 생성하는 데 도움이 됩니다.

단계별 가이드 방식의 프롬프트를 통해 Sora가 생성한 동영상은 다음과 같습니다.

예시 71 단계별로 프롬프트 구성

PROMPT > Tiltshift of a construction site filled with workers, equipment, and heavy machinery.

노동자, 장비, 중장비로 가득 찬 건설 현장의 틸트 시프트

그림 6-5 **노동자들로 가득 찬 건설 현장**

프롬프트를 하나씩 살펴보겠습니다.

1. **tilt shift(틸트 시프트)[1]**

틸트 시프트 스타일로 건설 현장을 보여줍니다. 틸트 시프트는 일반적으로 미니어처나 장난감 세계 같은 효과를 내는 데 사용되며, 이 프롬프트는 영상에 시각 효과를 설정합니다.

2. **filled with workers(노동자로 가득 찬)**

이 표현은 현장이 노동자로 가득 차 있음을 나타냅니다. 영상에서는 현장에서 바쁘게 작업하는 노동자들의 모습, 노동자들이 오가며 다양한 건설 장비와 중장비를 조작하는 모습이 보입니다.

---

1 옮긴이 렌즈의 방향이나 위치를 바꿔 초점을 맞추는 촬영 기술입니다. 피사체에 미니어처 같은 느낌을 줍니다.

3. 구체적이지 않은 플롯

플롯이 구체적으로 묘사되지 않았기 때문에, 영상은 현장의 여러 구역에서 노동자들이 작업하는 장면에 초점을 맞춥니다. 노동자와 장비 간의 상호작용, 그리고 그들이 어떻게 협력하여 건설 작업을 하는지를 보여줍니다.

6.2 Sora 프롬프트 작성 기법

어떤 텍스트 프롬프트가 더 효과적이고, 모델의 창의성을 더 잘 자극하는지 파악하려면 지속적인 시도, 조정, 최적화가 필요합니다. 이번 절에서는 Sora 프롬프트 작성 기법을 소개하며, 자세하게는 Sora 프롬프트 선택 방법, Sora 프롬프트 작성 순서, 프롬프트 작성 시 주의사항 등의 내용을 다루겠습니다.

6.2.1 Sora 프롬프트 선택 방법

Sora나 다른 AI 영상 생성 모델에서 적절한 프롬프트를 선택하면 이상적인 영상 효과를 생성하는 데 도움이 됩니다. 사용자가 더 영향력 있는 프롬프트를 선택하는 데 도움이 되는 주요사항은 다음과 같습니다.

1. **목표와 주제를 명확히 하기**

   프롬프트를 작성하기 전에 영상에서 보여주고자 하는 주제, 스타일, 콘텐츠를 명확하게 정해야 합니다. 이는 텍스트 설명과 어휘를 정확하게 선택하는 데 도움이 됩니다. 예를 들어 키나바탄간강Kinabatangan River의 보르네오 야생동물을 보여주고 싶다면 '키나바탄간강, 보르네오, 야생동물'을 언급하는 것이 좋습니다(그림 6-6).

2. **핵심 요소 식별하기**

   영상에 나오길 바라는 핵심 요소들, 예를 들어 배경, 물체, 인물 또는 동물 등을 생각해보고 프롬프트에 작성하세요.

3. **스타일과 감정 추가하기**

   원하는 영상 스타일(예: 사실주의, 인상주의, 초현실주의)과 감정적 분위기(예: 즐거움, 평온함, 신비로움)에 따라 프롬프트에 적절한 설명을 추가하세요.

4. 구체적이고 상세하게 설명하기

구체적이고 상세한 텍스트 설명을 통해 영상의 디테일과 효과를 지시하세요.

5. 균형과 간결성

충분한 정보를 제공하면서도 프롬프트를 간결하게 유지하는 균형을 잡아야 합니다. 너무 길고 복잡한 프롬프트는 모델을 혼란스럽게 할 수 있습니다.

6. 모순과 모호함 피하기

프롬프트에 모순이 없는지 확인하고, 모호하거나 주제와 맞지 않는 텍스트 설명을 피하세요.

7. 문화적 요소 고려하기

어휘의 문화적 배경과 맥락의 영향을 고려하세요. 서로 다른 문화권에서는 같은 단어라도 다른 해석을 할 수 있습니다. 예를 들어 대상 시청자가 동양 예술에 익숙하다면 '동양 산수화와 같은 배경'이라는 표현을 추가하여 문화적 공감대를 높일 수 있습니다.

8. 실습과 조정

프롬프트 조합에 따라 다양한 효과를 낼 수 있으므로, 사용자는 과감히 시도하고 조정하여 자신에게 가장 적합한 프롬프트 조합을 찾아야 합니다.

예시 72 🎥 **명확한 주제를 정의한 프롬프트**

PROMPT >_ Borneo wildlife on the Kinabatangan River.

키나바탄간강의 보르네오 야생동물

그림 6-6 **키나바탄간강의 야생동물**

더 나아가기 프롬프트는 영상의 주제(보르네오의 야생동물)를 명확하게 정의하고, 특정 환경이나 배경(키나바탄간강)을 지정했습니다. 프롬프트가 명확하면 모델이 필요한 장면을 정확하게 포착하고 렌더링하는 데 도움이 됩니다.

6.2.2 Sora 프롬프트 작성 순서

Sora로 동영상을 생성할 때 프롬프트의 작성 순서는 최종 생성된 동영상에 상당한 영향을 미칩니다. 절대적으로 고정된 규칙은 없지만, 사용자가 프롬프트를 더 효과적으로 구성하여 원하는 동영상을 얻는 데 도움이 되는 지침을 살펴보겠습니다(그림 6-7).

1. 주요 요소 강조하기

프롬프트를 작성할 때, 먼저 동영상의 주제나 핵심 요소를 명확히 설명하세요. 모델은 일반적으로 프롬프트 시퀀스의 앞부분에 더 주목하므로, 주요 요소를 앞에 배치하면 그 비중을 높일 수 있습니다. 예를 들어 어떤 동영상의 주제가 'Tour of an art gallery(미술관 관람)'라면, 먼저 'Tour(관람)'를 시작 단어로 사용하는 것이 좋습니다. 그러면 모델은 장면의 배경이 실내여야 하며 미술관의 분위기와 구조를 갖추어야 한다는 것을 이해할 수 있습니다.

2. 스타일과 분위기 정의하기

주요 요소를 결정했다면 전체적인 느낌이나 스타일을 설명하는 단어를 추가하세요. 이는 모델이 화면의 전반적인 분위기와 스타일을 파악하는 데 도움이 됩니다. 사용자가 특정한 동영상 스타일을 원하지 않는다면 이 단계는 건너뛸 수 있습니다.

3. 구체적인 디테일 추가하기

주요 요소와 전체적인 스타일을 명확히 한 후, 더 구체적인 디테일을 추가하면 모델은 장면을 더 풍부하게 렌더링할 수 있습니다. 예를 들어 'Tour of an art gallery(미술관을 관람)' 프롬프트를 기반으로, 'with many beautiful works of art in different styles(다양한 스타일의 아름다운 예술 작품이 많이 있는)'를 추가하면, 모델은 미술관 내부의 예술품과 분위기를 더 잘 포착하고 표현할 수 있으며, 시청자가 마치 직접 미술관을 방문하여 다양한 스타일의 예술품을 감상하는 듯한 느낌을 줄 수 있습니다.

4. 부차적 요소 보완

마지막으로 부차적 요소나 전체 영상에 미치는 영향이 적은 텍스트 설명을 추가합니다. 이와 같은 요소들이 화면의 초점은 아니지만, 영상을 입체적이고 풍부하게 할 수 있습니다.

예시 73 프롬프트 작성 순서의 중요성

PROMPT >_ Tour of an art gallery with many beautiful works of art in different styles.

다양한 스타일의 아름다운 예술 작품이 가득한 미술관을 관람합니다.

그림 6-7 미술관에서 즐기는 예술의 향연

6.2.3 Sora 프롬프트 작성 시 주의사항

Sora 프롬프트 작성 순서를 숙지했다면 사용자가 프롬프트의 생성 효과를 더욱 최적화하는 데 도움이 되는 주의사항을 살펴보겠습니다(그림 6-8).

1. 간결하고 정제된 표현

모델에게는 상세한 프롬프트가 도움이 되지만, 너무 길고 복잡한 프롬프트는 모델을 혼란스럽게 할 수 있습니다. 따라서 가능한 한 간결하고 정확하게 프롬프트를 작성해야 합니다. 그림 6-8을 보면 알 수 있듯이 프롬프트에 불필요한 정보가 없어야 모델의 이해 효율이 높아지고, 영상의 해상도와 일치성 또한 향상됩니다.

2. 전체와 디테일의 균형 맞추기

구체적인 디테일을 설명할 때도 전체를 놓치지 않도록 해야 합니다. 프롬프트가 전체적인 모습을 보여주면서도 주요 디테일을 포함하도록 하세요.

3. 창의성 발휘하기

비유와 상징적 언어를 사용하여 모델의 창의성을 자극하고, 유니크한 영상을 생성하세요. 예를 들어 '시간의 강, 역사의 물결'과 같은 표현을 사용할 수 있습니다.

4. 전문용어 합리적으로 사용하기

특정 분야에 대한 이해가 있다면, 전문용어를 사용하여 더 전문적인 결과를 얻을 수 있습니다. 예를 들어 '바로크 양식 건축물, 정교한 조각 디테일'과 같은 표현을 사용할 수 있습니다.

예시 74 ◀ 간결하고 정확한 프롬프트의 중요성

PROMPT >_   A cartoon kangaroo disco dances.

만화풍 캥거루가 디스코 춤을 추고 있습니다.

그림 6-8 디스코 춤을 추는 만화풍 캥거루

CHAPTER

프롬프트 라이브러리:
전문가급 동영상 제작을 위한
필수 요소

07

광활한 AI 동영상 세계에서 전문적인 동영상을 만들고 싶다면, 잘 구축된 프롬프트 라이브러리가 필요합니다. 프롬프트 라이브러리는 사용자에게 명확한 가이드를 제공할 뿐만 아니라, 동영상 콘텐츠의 품질과 일관된 스타일을 보장하는 핵심 요소이기도 합니다. 이번 장에서는 어떻게 전문적인 프롬프트 라이브러리를 구축할 수 있는지를 깊이 있게 탐구합니다. 이를 통해 Sora와 더욱 효과적으로 소통하고, 원하는 AI 동영상을 생성하도록 지시할 수 있습니다.

7.1 Sora의 콘텐츠 기반 프롬프트

이번 절에서는 Sora의 콘텐츠 기반 프롬프트를 소개합니다. 콘텐츠 기반 프롬프트는 동영상의 스토리텔링을 형성하는 핵심 요소인 주체 특징, 장면 특징, 예술 스타일 등 동영상 콘텐츠의 다양한 측면에 중점을 둡니다. 사용자는 콘텐츠 기반 프롬프트를 신중히 선택하고 조합하여 동영상의 모든 세부사항을 정확하게 제어하고 매력적인 시각 효과를 만들어낼 수 있습니다.

7.1.1 주체 특징

Sora로 동영상을 생성할 때 주체 특징 프롬프트는 동영상의 주인공이나 주요 요소를 설명하는 키워드로, 모델이 요구사항에 맞는 동영상 콘텐츠를 이해하고 생성하는 데 도움을 줍니다. 주체를 특징으로 한 프롬프트는 표 7-1과 같은 유형이 있습니다.

표 7-1 주체를 특징으로 한 프롬프트 예시

특징 유형	특징 설명	특징 예시
외형 특징	인물의 얼굴 특징	눈, 코, 입, 얼굴형 등
	키와 체형	키, 몸무게, 근육 발달 정도 등
	피부색, 머리 스타일, 머리색 등 외형적 특징	피부색이 흰, 머리가 짧은, 금발 등
의상과 액세서리	인물의 의상 스타일	정장, 캐주얼, 운동복 등
	특정한 옷의 디자인 또는 색상	양복, 티셔츠, 원피스 등
	착용한 장신구 또는 액세서리	목걸이, 시계, 귀걸이 등
동작과 자세	인물이 움직이는 행위	걷기, 달리기, 점프 등
	특정한 자세 또는 동작	일어서다, 앉다, 눕다 등
	환경과 인물의 상호작용	악수, 포옹, 밀기, 당기기 등
감정과 성격	인물의 감정 상태	기쁨, 슬픔, 분노 등
	인물의 성격 특징	용감한, 똑똑한, 친절한 등
신분과 역할	인물의 사회적 신분	기업가, 운동선수, 교사 등
	영상 속 인물의 특정한 역할 또는 직책	이웃, 용사, 영웅 등

해당 프롬프트를 유연하게 활용하여 Sora가 생성하는 동영상 콘텐츠를 정확하게 제어할 수 있으며, 이를 통해 기대와 요구에 더 부합하는 결과를 얻을 수 있습니다. 주체를 특징으로 한 프롬프트의 구체적인 사용법을 살펴보겠습니다.

첫째, '조합하기'입니다. 사용자는 여러 가지 주체 특징 프롬프트를 조합한 하나의 완전한 설명으로 모델이 요구사항에 맞는 동영상을 더 정확하게 생성하도록 할 수 있습니다. 예를 들어 '화려한 축제가 열리는 남극에서 초록색 드레스를 입고 챙 모자를 쓴 여성이 즐거운 산책을 하고 있습니다.'라는 프롬프트로 생성된 동영상은 그림 7-1과 같습니다.

예시 75 🔊 **다양한 주체의 특징을 조합한 동영상**

PROMPT >. A woman wearing a green dress and a sun hat, taking a pleasant stroll in Antarctica during a colorful festival.

화려한 축제가 열리는 남극에서 초록색 옷을 입고 챙 모자를 쓴 여성이 즐거운 산책을 하고 있습니다.

그림 7-1 **남극에서 즐겁게 산책하는 여성**

더 나아가기 그림 7-1에서 Sora가 생성한 동영상은 초록색 드레스를 입고 챙 모자를 쓴 여성이 남극의 눈 덮인 풍경 속에서 걷는 모습을 보여줍니다. 영상의 배경에는 눈밭과 눈으로 덮인 집들이 보입니다. 프롬프트에서 'colorful festival(화려한 축제)'을 언급했기 때문에 동영상에는 색색의 장식, 깃발 같은 축제 요소들이 등장합니다. 또한 여성의 표정은 즐겁고 편안해 보입니다. 이는 'taking a pleasant stroll(즐겁게 산책하다)'이라는 설명과 일치합니다.

또 동영상은 여성이 걷는 자세, 손을 흔드는 모습, 주변 경치를 감상하는 모습 등 여성의 움직임을 포착했습니다. 화면의 빛과 색깔은 'colorful(화려한)'이라는 프롬프트에 따라 조정되어, 전체 장면이 생동감 있고 다채롭게 보입니다.

둘째, '다양한 주체 특징을 시도해보기'입니다. 주체를 묘사할 때 한 가지 방식만 사용하지 말고, 다양한 어휘와 표현 방식을 시도하여 여러 가지 동영상을 만들어보세요. 예를 들어 앞선 예시 프롬프트의 묘사를 적절히 수정하면 다른 주체 특징을 가진 동영상을 생성할 수 있습니다.

그림 7-2의 프롬프트를 보면 인물의 복장을 수정했습니다. 인물은 파란색 청바지와 흰색 티셔츠를 입었습니다. 또한 동영상의 배경을 겨울 폭풍이 몰아치는 남극으로 수정하고, 춥지만 신비로운 환경과 분위기를 조성했습니다. 인물의 동작은 이전 동영상과 동일하게 유지했습니다. 인물은 겨울 폭풍 속에서 즐겁게 산책하고 있습니다. 여성의 걸음걸이, 표정, 여성이 환경과 상호작용하는 방식을 통해 'taking a pleasant stroll(즐거운 산책)'이라는 프롬프트를 구현했습니다.

예시 76 ◀ **주체의 특징에 따라 달라지는 동영상 ❶**

PROMPT > A woman wearing blue jeans and a white T-shirt, taking a pleasant stroll in Antarctica during a winter storm.

겨울 폭풍이 몰아치는 남극에서 청바지와 흰색 티셔츠를 입은 여성이 즐거운 산책을 하고 있습니다.

그림 7-2 **겨울 폭풍 속 남극에서 산책하는 여성**

이제 그림 7-3의 프롬프트를 봅시다. 이 프롬프트에서 여성은 'purple overalls(보라색 멜빵바지)'를 입고 있습니다. 이는 더 스타일리시하고 개성 있는 의상입니다. 멜빵바지는 일반적으로 레트로 스타일이나 트렌디한 스타일이며, 'cowboy boots(카우보이 부츠)'는 서양 또는 카우보이 문화 요소를 강조합니다. 이전 동영상의 'blue jeans and a white T-shirt(청바지와 흰색 티셔츠)'가 편안하고 심플한 스타일에 중점을 둔 것이라면, 이번 예시의 동영상에서는 보라색 멜빵바지로 캐릭터의 의상을 변경함에 따라 색상과 스타일에서 더욱 선명하고 독특한 시각효과를 더했습니다.

예시 77 **주체의 특징에 따라 달라지는 동영상 ❷**

PROMPT >_ A woman wearing purple overalls and cowboy boots, taking a pleasant stroll in Johannesburg, South Africa, during a beautiful sunset.

아름다운 석양 속 남아프리카 요하네스버그에서 보라색 멜빵바지를 입고 카우보이 부츠를 신은 여성이 즐거운 산책을 하고 있습니다.

그림 7-3 **석양 속 요하네스버그에서 산책하는 여성**

7.1.2 장면 특징

Sora로 동영상을 생성할 때 사용하는 장면 특징 프롬프트는 동영상 장면의 환경, 배경, 분위기 등 세부사항을 설명하는 데 사용되는 키워드나 구문을 뜻하는데, 이러한 프롬프트는 모델이 생동감 있고 사실적인 분위기를 만드는 데 도움을 줍니다. 장면을 특징으로 한 프롬프트는 표 7-2와 같은 유형이 있습니다.

표 7-2 **장면을 특징으로 한 프롬프트 예시**

특징 유형	특징 설명	특징 예시
장소 묘사	나라, 도시, 지역명	파리의 거리, 일본의 시골 등
	특정 건축물 또는 랜드마크	만리장성, 에펠탑 등
	자연환경	숲속, 모래사장 등
시간 묘사	특정 시간대	새벽녘, 해 질 무렵 등
	계절 또는 날씨	뜨거운 여름, 겨울의 설경 등
	명절 또는 특정 날짜	정월 대보름 전야, 제야의 종소리가 울릴 때 등
분위기 묘사	빛과 그림자	따뜻한 햇빛 아래, 나무 그림자 속 등
	색상이나 톤으로 분위기 연출	따뜻한 오렌지 톤, 시원한 파란색 톤 등
	소리나 냄새	산들바람 소리, 꽃향기 등
장면 디테일	건축물 또는 환경 특징	오래된 돌길, 현대식 고층 빌딩 등
	도구 또는 장식	거리의 그래피티 아트, 나무에 달린 색 조명 등
	인물과 환경의 상호작용 또는 위치	군중 속 고독한 여행자, 시장의 북적이는 노점상 등

장면을 특징으로 한 프롬프트를 작성할 때는 장면을 구체적이고 명확한 어휘로 설명해야 하며, 모호하거나 불분명한 표현은 피해야 합니다. 이는 Sora가 내용을 정확하게 이해하고, 설명에 부합하는 동영상을 생성하는 데 도움이 됩니다. 환경의 세부사항, 소품의 배치, 인물들의 상호작용 등을 설명하여 장면을 풍부하게 작성하면, Sora가 동영상의 감정과 분위기를 조정하여 시청자의 몰입감을 높이는 데 도움이 됩니다.

또한 여러 장면 특징 프롬프트를 조합하여 더 복잡하고 풍부하게 장면을 묘사할 수 있습니다. 예를 들어 장소, 시간, 분위기, 디테일 등 여러 측면의 설명을 조합하여 하나의 완전한 장면을 구성할 수 있습니다(그림 7-4).

예시 78 다양한 설명을 조합하여 만든 동영상

PROMPT > A gorgeously rendered papercraft world of a coral reef, rife with colorful fish and sea creatures.

다채로운 물고기와 해양생물로 가득한 산호초를 종이 공예 세계로 화려하게 표현합니다.

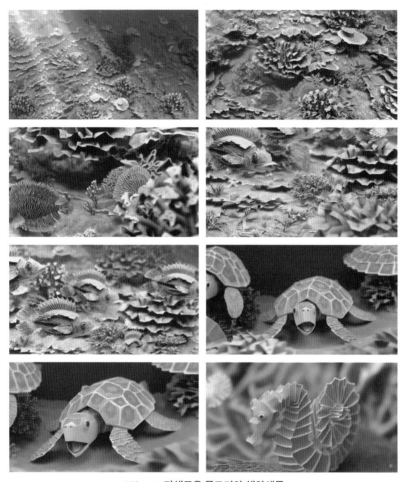

그림 7-4 **다채로운 물고기와 해양생물**

주의할 점은 장면 특징 프롬프트를 사용할 때 최적의 조합과 표현 방식을 찾기 위해 테스트와 조정이 여러 번 필요할 수 있다는 것입니다. 사용자는 Sora가 생성한 결과물을 확인하면서 장면 특징 프롬프트를 지속적으로 조정하고 최적화하여 더 만족스러운 결과물을 얻을 수 있습니다.

더 나아가기 그림 7-4를 보면 알 수 있듯이 장소(산호초), 분위기(화려하게), 디테일(다채로운 물고기와 해양생물)을 성공적으로 조합하여 하나의 완전한 장면으로 탄생했습니다. 상상력과 창의력이 풍부한 장면을 만들어냈으며, 'papercraft world(종이 공예 세계)'를 강조하여 독특하고 예술적인 분위기를 조성했습니다. 이와 같은 장면 특징 묘사는 Sora의 창의력을 자극하여 아름답고 디테일한 산호초 장면을 만들었습니다.

또한 'gorgeously rendered(화려하게 표현된)'라는 형용사를 사용하여 장면의 아름다움과 정교함을 강조하고, 장면의 묘사력과 매력을 높였습니다. 이와 같은 표현 방식은 Sora가 고품질 동영상 콘텐츠를 생성하는 데 도움이 되며, 사용자의 미적 요구사항을 충족할 수 있습니다.

다만 Sora 모델의 생성 능력에 한계가 있기 때문에 장면 묘사가 너무 복잡하거나 모델의 이해 범위를 벗어나면 결과물이 기대에 미치지 못할 수도 있다는 것에 주의해야 합니다. 따라서 장면을 특징으로 한 프롬프트를 작성할 때는 묘사 내용의 구체성과 모델의 생성 능력 사이에서 균형을 맞춰야 합니다.

7.1.3 예술 스타일

Sora로 동영상을 생성할 때 사용하는 예술 스타일 프롬프트는 생성 콘텐츠의 예술 스타일을 지정하거나 예술 스타일에 영향을 미치는 키워드나 구문을 말합니다. 예술 스타일은 동영상의 시각 효과에 큰 영향을 미칠 뿐만 아니라, 감정적 분위기를 형성하여 시청자에게 독특한 시각적 경험을 선사할 수 있습니다. 표 7-3은 예술 스타일 프롬프트의 예시를 보여줍니다. 이와 같은 프롬프트는 Sora가 특정 예술 스타일, 유파, 시각 효과 등을 포착하고 구현하는 데 도움을 줍니다.

표 7-3 **예술 스타일의 프롬프트 예시**

스타일 유형	프롬프트 예시
추상미술	추상표현주의, 기하학적 추상, 비구상 회화
고전미술	바로크, 르네상스, 고전 유화, 고대 조각
현대미술	인상파, 입체주의, 초현실주의, 미니멀리즘
도시미술	팝 아트, 거리 예술, 그래피티, 만화 스타일
민족 또는 지역 스타일	중국 수묵화, 일본 우키요에, 인도 타밀나두 회화, 스칸디나비아 스타일
페인팅 도구와 기법	수채화, 유화, 파스텔화, 소묘

표 7-3 예술 스타일의 프롬프트 예시 (계속)

스타일 유형	프롬프트 예시
색상과 팔레트	흑백사진, 선명한 색상, 어두운 톤, 차가운 톤, 따뜻한 톤
스타일과 예술가	반 고흐 스타일, 피카소 스타일, 몬드리안 스타일, 모네 스타일
영화 또는 특수 효과	시네마틱, 빈티지 필름 효과, 모션 블러, 레이 트레이싱
혼합 스타일	디지털 아트와 전통 회화의 결합, 현실과 초현실의 융합, 동양 예술과 서양 예술의 융합, 고전 미술과 현대 미술의 충돌

예술 스타일의 프롬프트를 작성할 때 유용한 팁을 살펴봅시다.

첫째, 명확하고 구체적인 예술 스타일 이름을 사용합니다. 예를 들어 사용자가 영화 같은 효과를 만들고 싶다면 'cinematic style(영화 스타일)'과 같은 프롬프트를 사용할 수 있습니다. 그림 7-5의 프롬프트는 매우 상세하고 구체적으로 작성했습니다. 영화 예고편 스타일의 필름으로 촬영된 선명한 색상을 가진 화면을 생성하는 것이 목표이며, 30세 우주 비행사가 나오고 파란 하늘과 소금사막을 배경으로 합니다. 해당 프롬프트에는 최종 생성된 동영상 효과에 영향을 미치는 몇 가지 예술 스타일 프롬프트가 포함되어 있으며, 관련 프롬프트의 역할은 다음과 같습니다.

- **cinematic style(시네마틱 스타일)**　생성된 화면이 영화와 같은 질감을 가져야 한다는 것을 의미합니다. 여기에는 적절한 카메라 활용, 조명 효과부터 색 보정, 특수 효과, 검은색 프레임과 같은 후반 작업까지 포함할 수 있습니다. 이는 동영상을 더욱 전문적이고 흥미롭게 만듭니다.

- **shot on 35mm film(35mm 필름으로 촬영)**　화면이 필름 영화의 질감을 가져야 한다는 것을 암시합니다. 여기에는 입자감, 색 채도, 대비도 등의 특성을 포함할 수 있습니다. 이 스타일은 클래식하고 향수를 불러일으키는 느낌을 주며, 동시에 화면에 사실감과 질감을 더할 수 있습니다.

- **vivid colors(선명한 색상)**　화면 색상의 선명함과 생동감을 강조합니다. 이는 모델이 동영상을 생성할 때 화면 색상의 채도와 대비를 최대한 높여 화면을 더욱 선명하고 눈에 띄게 합니다.

PROMPT ≫ A movie trailer featuring the adventures of the 30 years old space man wearing a red wool knitted motorcycle helmet, blue sky, salt desert, cinematic style, shot on 35mm film, vivid colors.

빨간색 울 니트를 입고 오토바이 헬멧을 쓴 30세 우주 비행사의 모험을 담은 영화 예고편. 푸른 하늘, 소금사막, 시네마틱 스타일, 35mm 필름으로 촬영, 선명한 색상

그림 7-5 우주 모험 이야기를 담은 영화 예고편

둘째, 새롭고 전통적이지 않은 예술 스타일 조합을 시도하는 것을 두려워하지 말아야 합니다. 여러 스타일을 조합함으로써 예상치 못한 결과물을 얻을 수도 있습니다. 다만 모든 예술 스타일이 모든 장면이나 콘텐츠에 적합한 것은 아니므로, 선택한 예술 스타일이 장면 묘사나 생성 목표와 일치하는지 확인해야 합니다.

셋째, 예술 스타일을 선택할 때 타깃 시청자를 고려해야 합니다. 다른 스타일은 다른 시청자를 끌어들일 수 있으므로, 타깃 시청자에 맞는 스타일을 선택하는 것이 중요합니다.

넷째, 처음 생성한 결과물이 기대에 미치지 못한다면 예술 스타일 프롬프트를 단계적으로 조정하고 세분화합니다. 예를 들어 '추상미술'이라는 넓은 카테고리에서 시작하여 '기하학적 추상'이나 '비구상 회화'로 세분화할 수 있습니다.

다섯째, 예술 스타일 프롬프트를 구체적인 장면 묘사와 조합합니다. 예를 들어 사용자가 숲 배경의 동영상을 생성하고 싶다면 '숲속의 빛과 그림자 교차'와 같이 장면을 묘사하고, '인상주의 스타일' 또는 '수채화 스타일'과 조합하여 시각 효과에 영향을 줄 수 있습니다.

예술 스타일 프롬프트를 적절히 사용하면 사용자가 Sora 생성 동영상의 예술적 방향과 시각 효과를 제어하고 영향을 줄 수 있어, 독특하고 창의적인 동영상 콘텐츠를 만들어낼 수 있습니다.

더 나아가기 모델마다 예술 스타일에 대해 서로 다른 이해와 생성 능력을 가질 수 있다는 점에 주의해야 합니다. 사용하는 모델의 능력 범위를 이해하고, 그 능력을 넘어서는 스타일을 요청하지 않는 것이 좋습니다.

7.2 Sora의 표준화된 프롬프트

이번 절에서는 화면 구도, 앵글, 샷 등 동영상 제작의 기술 측면에 중점을 둔 Sora의 표준화된 프롬프트를 소개합니다. 표준화된 프롬프트는 동영상 제작의 규범성과 일관성을 보장하여 최종 작품이 시각적으로 더욱 전문적이고 조화롭게 만듭니다.

7.2.1 화면 구도

Sora로 동영상을 생성할 때 화면 구도[1] 프롬프트는 모델이 화면 내 요소를 어떻게 구성하고 배열할지 가이드하여, 스토리를 잘 보여주는 매력적인 시각 효과를 만들어냅니다. 표 7-4는 자주 쓰이는 화면 구도 프롬프트입니다.

표 7-4 **화면 구도 프롬프트**

프롬프트 예시	프롬프트 설명
가로 구도	텔레비전, 영화 등 대부분의 촬영물에 사용되는 가장 일반적인 구도입니다. 이와 같은 구도는 사진의 너비가 높이보다 커서 시청자에게 넓고 개방적인 느낌을 주며, 넓은 자연 경관, 대형 이벤트 현장 등의 장면을 보여주기에 적합합니다. 인물과 배경을 보여주는 인물 촬영에도 자주 사용됩니다.
세로 구도	이미지의 높이가 너비보다 커서 크고 강한 느낌을 줍니다. 높은 건물, 나무 등 수직 요소를 보여주는 데 적합하며, 인물의 키와 체구를 강조하는 전신 인물 촬영에도 자주 사용됩니다.
정사각 구도	이미지의 높이와 너비가 동일하여 시청자에게 균형감, 안정감, 무게감을 주며 건물, 꽃 등 대칭되는 장면을 보여주기에 적합합니다.
대칭 구도	화면의 요소가 좌우 또는 상하 대칭으로 배열되어 균형감과 안정감을 줍니다.
전경 구도	전경과 배경을 명확하게 구분하여 시청자가 초점을 두어야 할 곳을 쉽게 알아볼 수 있게 합니다.
3분할 구도	화면을 삼등분해 이 선들의 교차점이나 교차되는 선상에 중요한 요소를 배치하여 시청자의 시선을 유도하는 구도입니다.
리딩 라인 구도	선, 경로, 길 등의 요소로 시청자의 시선을 유도하여 화면에 역동성과 깊이감을 부여합니다.
대각선 구도	대각선을 따라 주요 요소를 배치하여 생동감과 긴장감을 조성합니다.
깊이 구도	다양한 크기, 원근, 선명도를 가진 요소로 화면에 깊이감을 만듭니다.

1 　[옮긴이] 여기서 설명하는 용어 중 일부는 우리가 익히 아는 전통적인 시각예술 용어와는 다소 차이가 있습니다.

표 7-4 화면 구도 프롬프트 (계속)

프롬프트 예시	프롬프트 설명
반복 구도	반복적인 요소나 패턴을 사용하여 시각적 통일감과 리듬감을 만듭니다.
균형 구도	화면이 시각적으로 균형을 이루게 하여 한쪽에 집중되거나 다른 한쪽이 비어 있지 않도록 합니다.
대비 구도	요소의 크기, 색상, 모양을 대비시켜 중요한 요소를 강조하거나 시각적 임팩트를 만듭니다.
프레임 구도	프레임이나 테두리를 사용하여 중요한 요소를 돋보이게 하고, 시청자의 주의를 집중시킵니다.
동적 구도	요소의 이동, 회전, 형태 변화 등으로 동적인 시각 효과를 만듭니다.
초점 구도	화면의 특정 지점으로 시청자의 시선을 유도하여 해당 요소의 중요성을 강조합니다.

화면 구도 프롬프트를 적절히 사용하여 Sora가 주체를 돋보이게 하고 깊이감 있는 동영상을 생성하게 할 수 있습니다. 예를 들어 다음 프롬프트는 세로 구도, 전경 구도, 초점 구도 등 여러 구도를 조합하여 화면의 주체를 더 강조하고 부각시켰습니다(그림 7-6).

그림 7-6의 화면에서 카멜레온은 주요 대상으로 부각되어 있고, 배경은 블러 처리됐습니다. 이와 같은 구도는 시청자의 주의를 카멜레온에 더 집중시킬 뿐만 아니라 화면의 시각 효과를 향상합니다.

이 동영상이 채택한 세로 구도는 그림 7-6의 카멜레온과 같은 수직 요소를 보여주는 데 적합합니다. Sora는 화면을 세로로 설정함으로써 카멜레온의 전신 특징을 더 잘 부각시키는 화면을 생성하여 그 독특한 형태를 강조합니다.

프롬프트에 전경 요소가 명시적으로 언급되지는 않았지만 'close-up shot(클로즈업 샷)'과 'The background is blurred(배경 블러 처리)'를 통해 Sora는 배경을 흐리게 생성하여 시청자의 주의를 전경의 카멜레온에 집중시켰습니다. 이와 같은 방식은 카멜레온이라는 주요 대상을 효과적으로 부각시키고, 화면에 깊이감을 더합니다.

또한 이 프롬프트에서 화면의 초점은 의심할 여지없이 카멜레온입니다. 'striking color changing capabilities(놀라운 색 변화 능력)'와 'striking appearance(인상적인 외모)'를 강조하여 카멜레온을 중심으로 한 화면을 생성했고, 시청자의 시선을 카멜레온에 집중시켰습니다.

다양한 구도의 조합

PROMPT ⋗ This close-up shot of a chameleon showcases its striking color changing capabilities. The background is blurred, drawing attention to the animal's striking appearance.

놀라운 색 변화 능력을 보여주는 카멜레온의 클로즈업 샷. 배경은 블러 처리되어 동물의 인상적인 외모에 주목하게 합니다.

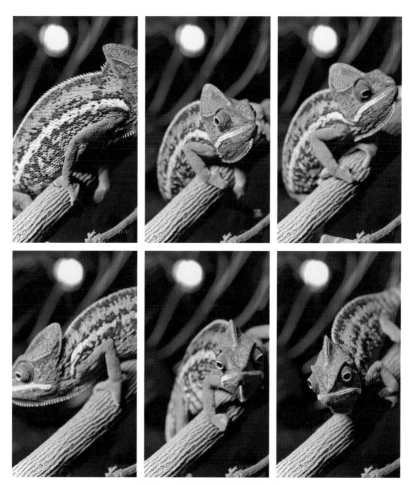

그림 7-6 **카멜레온의 클로즈업 샷**

7.2.2 앵글

Sora로 동영상을 생성할 때 앵글angle은 시청자가 화면 요소와 상호작용하고 감정적으로 연결되는 데 영향을 미칩니다. 표 7-5는 자주 쓰이는 앵글 프롬프트 설명입니다.

표 7-5 앵글 프롬프트

프롬프트 예시	프롬프트 설명
수평 앵글	수평 앵글(아이 레벨 앵글, eye level angle)은 카메라와 주요 피사체의 눈이 거의 같은 높이에 있어 사람의 시선과 비슷하며, 객관적이고 사실적인 느낌을 줍니다.
하이 앵글	하이 앵글(부감, high angle)은 카메라가 위에서 주요 피사체를 내려다보는 것으로, 주요 피사체의 연약함이나 미약함을 보여줄 수 있습니다. 주변 환경에서 피사체의 위치를 보여줍니다.
로 앵글	로 앵글(앙각, low angle)은 카메라가 주요 피사체 아래에서 위를 올려다보는 것으로, 숭고함, 엄숙함, 경외감과 같은 느낌을 줍니다.
사선 앵글	사선 앵글(oblique angle)은 카메라가 주요 피사체의 시선과 정면도 아니고 측면도 아닌 비스듬한 위치에 있는 것으로, 극적인 느낌이나 긴장감, 미스터리한 느낌을 연출합니다.
정면 앵글	정면 앵글은 카메라가 주요 피사체의 정면에서 피사체의 앞모습을 평행하게 바라보는 것으로, 직접적이고 솔직한 느낌을 줍니다.
후면 앵글	후면 앵글은 카메라가 주요 피사체의 뒤에서 피사체의 뒷모습과 피사체가 마주보는 방향을 보여주며 미스터리, 서스펜스, 어드벤처와 같은 느낌을 연출합니다.
측면 앵글	측면 앵글은 카메라가 주요 피사체의 옆에 있는 것으로, 피사체의 측면 윤곽과 움직임을 보여주어 피사체의 측면 특징을 강조합니다.

앵글은 시청자가 화면을 인식하고 이해하는 방식에 영향을 미치므로, 매력적인 동영상을 만들기 위해서는 적절한 앵글을 선택하는 것이 매우 중요합니다.

Sora가 생성한 다음 동영상은 측면 앵글을 사용했습니다. 프롬프트에서 'The bird's head is tilted slightly to the side(새의 머리가 약간 옆으로 기울어져 있다)'라고 언급했으므로, 모델이 볏의 정교한 질감과 눈에 띄는 빨간 눈동자 등 새의 측면에서 볼 수 있는 독특한 디테일을 표현했습니다. 이와 같은 특징들은 정면 앵글이나 후면 앵글에서는 그렇게 두드러지지 않을 것입니다(그림 7-7).

더 나아가기 측면 앵글은 새의 측면 윤곽과 아름다운 움직임을 보여줄 수 있기 때문에 해당 프롬프트는 새의 머리 모양을 강조할 뿐만 아니라, 화면에 동적이고 생동감 있는 느낌을 부여합니다. 새가 주변 환경을 관찰하거나 자신의 아름다운 깃털을 과시하고 있는 것처럼 보여, 새의 독특한 외모와 기질이 돋보입니다.

예시 81 측면 앵글

PROMPT > This close-up shot of a Victoria crowned pigeon showcases its striking blue plumage and red chest. Its crest is made of delicate, lacy feathers, while its eye is a striking red color. The bird's head is tilted slightly to the side, giving the impression of it looking regal and majestic. The background is blurred, drawing attention to the bird's striking appearance.

인상적인 푸른 깃털과 붉은 가슴을 가진 빅토리아 왕관비둘기의 클로즈업 샷. 볏은 섬세한 레이스 같은 깃털로 되어 있고, 눈은 강렬한 붉은 색입니다. 새의 머리는 약간 옆으로 기울어져 있어 당당하고 장엄한 인상을 줍니다. 배경은 블러 처리되어 새의 인상적인 외모에 주목하게 합니다.

그림 7-7 빅토리아 왕관비둘기 옆모습

7.2.3 샷

Sora로 동영상을 생성할 때 샷shot 프롬프트는 화면에서 주체가 보이는 범위의 크기를 설명하고 지시하는 데 사용됩니다. 일반적으로 익스트림 롱 샷, 롱 샷, 미디엄 샷, 클로즈업 샷, 익스트림 클로즈업 샷의 다섯 가지 유형으로 나눌 수 있으며, 각 유형에는 특정한 기능과 효과가 있습니다(표 7-6).

표 7-6 샷 프롬프트

프롬프트 예시	프롬프트 설명
익스트림 롱 샷 (extreme long shot)	주로 공간 환경의 광활한 장면을 보여줍니다. 웅장한 장면, 풍경, 기세를 나타내며 감정을 표현하고 분위기를 연출하는 기능이 있습니다. 영화나 독립적인 스토리의 시작과 끝에 자주 사용됩니다.
롱 샷(long shot)	인물의 전신이나 배경 전체를 보여줍니다. 인물과 환경의 관계를 강조하며, 배경과 인물의 위치를 나타내어 시청자가 장면의 공간 관계를 이해하는 데 도움을 줍니다. 인물의 전체적인 동작이나 자세를 표현하는 데 적합합니다.
미디엄 샷 (medium shot)	장면의 일부나 인물의 무릎 위까지를 보여주는 샷입니다. 사람과 사람, 사람과 물건 사이의 행동이나 교류를 표현하는 데 적합합니다. 인물의 자세와 동작을 생동감 있게 보여줍니다.
클로즈업 샷 (close-up shot)	인물의 가슴 위까지나 물체의 일부를 보여주는 샷입니다. 얼굴 표정으로 인물의 성격을 묘사하는 데 주로 사용됩니다. 일반적으로 롱 샷, 미디엄 샷, 익스트림 클로즈업 샷과 조합하여 사용됩니다.
익스트림 클로즈업 샷 (extreme close-up shot)	인물의 목 위까지나 피사체의 디테일을 보여줍니다. 인물이나 피사체의 디테일을 섬세하게 표현하는 데 사용됩니다.

예시 82 ◀ 클로즈업 샷

PROMPT ▶ A close up view of a glass sphere that has a zen garden within it. There is a small dwarf in the sphere who is raking the zen garden and creating patterns in the sand.

내부에 젠 가든이 있는 유리 구체의 클로즈업 샷. 구체 안에는 작은 난쟁이가 젠 가든을 갈퀴질하면서 모래에 무늬를 만들고 있습니다.

그림 7-8 유리 구체 안의 작은 난쟁이

클로즈업 샷을 보여주는 동영상을 봅시다(그림 7-8). 프롬프트의 'A close up view of a glass sphere(유리 구체의 클로즈업)'는 장면의 시점과 범위를 설정해 유리 구체를 향하는 클로즈업 샷을 생성합니다. 클로즈업 샷을 통해 시청자는 구체 안의 장면을 가까이서 관찰할 수 있어, 시각적 집중도가 올라가고 자세하게 표현된 디테일을 볼 수 있습니다.

또한 장면을 세부화해 묘사했습니다. 'small dwarf(작은 난쟁이)'라는 설명을 통해, 시청자는 유리 구체 안에서 바쁘게 움직이는 아주 작은 형상을 상상할 수 있습니다. 'raking the zen garden and creating patterns in the sand(젠 가든을 갈퀴질하면서 모래 위에 무늬를 만드는)'라는 표현은 작은 난쟁이가 정원에서 일하는 구체적인 동작을 자세히 묘사합니다. 클로즈업 샷으로 촬영된 동작들은 매우 정교하고 매력적으로 보이며, 강한 시각적 임팩트를 안겨줍니다.

7.2.4 색상

Sora로 동영상을 생성할 때 색상$_{color}$ 프롬프트는 모델이 특정 색상이나 톤을 가진 동영상 콘텐츠를 생성하도록 하는 데 사용됩니다. 표 7-7은 자주 쓰이는 색상 프롬프트입니다.

표 7-7 **색상 톤 프롬프트**

프롬프트 예시	프롬프트 설명
난색 계열	따뜻하고, 편안하며, 활력 넘치는 색을 강조합니다. 빨강, 주황, 노랑 계열의 색으로 구성됩니다. 예시로 따뜻한 일몰, 부드러운 촛불, 가을 단풍 등이 있습니다.
한색 계열	차분하고, 상쾌하며, 평온한 느낌을 전달합니다. 파랑, 보라, 초록 계열의 색으로 구성됩니다. 예시로 차가운 겨울밤, 깊은 바다, 상쾌한 숲 등이 있습니다.
선명한 색상	선명하고 풍성하며, 높은 대비와 밝기를 가진 색상입니다. 생동감 있고 활발한 느낌을 줍니다. 예시로 선명한 색상의 열대 과일, 휘황찬란한 네온사인, 다채로운 유화 등이 있습니다.
부드러운 색상	부드럽고 섬세하며, 대비와 밝기가 낮은 색상입니다. 고요하고 부드러운 분위기를 조성합니다. 예시로 부드러운 노을, 섬세한 수채화, 아늑한 집 안 등이 있습니다.
빈티지 톤	오래된 사진이나 빈티지 예술 작품의 효과를 모방한 색상입니다. 일반적으로 채도와 대비가 낮습니다. 예시로 빈티지 영화 장면, 오래된 사진 느낌, 향수를 불러일으키는 예술 스타일 등이 있습니다.
흑백/단색	완전히 검정, 흰색, 회색이거나 주 색조가 검정, 흰색, 회색입니다. 컬러를 제거하여 깔끔하고, 순수하거나 클래식한 느낌을 줍니다. 예시로 흑백 고전영화, 소묘 효과, 수묵화 스타일 등이 있습니다.
대비되는 톤	높은 대비를 이루는 색상 조합을 사용합니다. 색상 간의 대비 효과로 강렬한 시각적 임팩트를 줍니다. 예시로 선명한 색상의 대비, 대담한 색상 조합, 역동적인 색의 충돌 등이 있습니다.
그러데이션 색상	한 색조에서 다른 색조로 점차 변화합니다. 부드럽고 따뜻한 시각 효과를 만듭니다. 예시로 일출과 일몰의 그러데이션, 부드러운 색상 변화, 몽환적인 색채가 흐르는 효과 등이 있습니다.

얼룩 고양이 동영상을 봅시다(그림 7-9). 'white and orange(흰색과 주황색)'라는 두 가지 색으로 고양이의 특징을 묘사했습니다. 흰색과 주황색은 뚜렷한 대비를 이루며, 흰색은 순수하고 맑은 느낌을 주고, 주황색은 활력과 따뜻하고 즐거운 감정을 줍니다. 이처럼 대비되는 색상은 시각적 임팩트를 주어 고양이를 더욱 돋보이게 합니다.

예시 83 ◀ **대비되는 색상**

PROMPT > A white and orange tabby cat is seen happily darting through a dense garden, as if chasing something. Its eyes are wide and happy as it jogs forward, scanning the branches, flowers, and leaves as it walks. The path is narrow as it makes its way between all the plants. the scene is captured from a ground-level angle, following the cat closely, giving a low and intimate perspective. The image is cinematic with warm tones and a grainy texture. The scattered daylight between the leaves and plants above creates a warm contrast, accentuating the cat's orange fur. The shot is clear and sharp, with a shallow depth of field.

흰색과 주황색이 섞인 얼룩 고양이가 무언가를 쫓는 듯 울창한 정원을 즐겁게 뛰어다닙니다. 행복한 고양이는 나뭇가지와 꽃, 나뭇잎을 살피면서 눈을 크게 뜨고 앞으로 달려갑니다. 식물 사이를 지나가는 길은 좁습니다. 이 장면은 고양이를 가까이서 따라가며 낮고 친밀한 시점으로 촬영됐습니다. 따뜻한 톤과 거친 질감의 영화 같은 장면입니다. 나뭇잎과 식물 사이에 흩어진 햇빛이 따뜻한 대비를 만들어 고양이의 주황색 털을 강조합니다. 얕은 피사계 심도로 선명하고 또렷하게 촬영됐습니다.

그림 7-9 **울창한 정원을 달리는 고양이**

또한 'warm tones(따뜻한 톤)'과 'warm contrast(따뜻한 대비)'를 통해 따뜻하고 편안하며 활력 넘치는 느낌을 줍니다. 이 동영상에서 난색 계열은 화면의 따뜻한 느낌을 강화하고, 고양이의 주황색 털을 강조하여 더욱 눈에 띄게 만듭니다.

프롬프트는 또 다른 중요한 색상 요소인 'scattered daylight(흩어진 햇빛)'을 언급했는데, 햇빛은 따뜻하고 자연스러운 빛을 내어 장면에 생동감과 사실감을 더합니다. 나뭇잎과 식물 사이로 비치는 햇빛은 장면에 자연스러운 조명을 제공할 뿐만 아니라, 풍부한 명암 효과로 화면에 양감과 깊이를 줍니다.

7.2.5 빛

Sora로 동영상을 생성할 때 빛light은 장면의 분위기와 시각 효과에 영향을 미치는 중요한 요소입니다. 표 7-8은 자주 쓰이는 빛 프롬프트입니다. 모델이 다양한 조명 효과와 분위기를 가진 동영상 콘텐츠를 만들도록 하는 데 도움이 됩니다.

표 7-8 **빛 프롬프트와 설명**

프롬프트 예시	프롬프트 설명
자연광	태양광, 달빛 등 자연의 빛을 모방합니다. 부드럽고, 따뜻하거나 차가운 효과를 내며, 시간과 날씨 조건에 따라 차이가 있습니다. 예시로 아침의 부드러운 빛, 정오의 강렬한 햇빛, 황혼의 여광, 달빛 아래의 고요함 등이 있습니다.
부드러운 빛	빛이 부드럽고 뚜렷한 그림자나 강한 대비가 없어, 따뜻하고 편안한 느낌을 줍니다. 예시로 부드러운 실내 조명, 따뜻한 촛불, 자연광의 확산 등이 있습니다.
강한 빛	빛이 강렬하고 뚜렷한 그림자와 대비를 보이며, 강렬한 시각적 임팩트를 줍니다. 예시로 강렬한 직사광선, 눈부신 스포트라이트, 강한 그림자 효과 등이 있습니다.
역광	광원이 주체 뒤에 위치하여, 강한 외곽의 빛과 배경 조명 효과를 만들어 주체와 배경을 분리합니다. 예시로 석양의 역광 실루엣, 배경 조명으로 강조된 윤곽 등이 있습니다.
측광	광원이 주체의 측면에서 비춰 강한 측면 그림자와 입체감을 만듭니다. 예시로 측광 아래의 조각상 같은 느낌, 측면 그림자의 극적인 효과, 측광으로 비치는 디테일 등이 있습니다.
환경광	장면 전체를 밝히는 기본 광원으로, 균일하고 부드러운 조명을 제공하여 전체적인 조명 분위기를 만듭니다. 예시로 균일한 환경 조명, 오묘한 환경 그림자, 부드러운 환경 광채 등이 있습니다.
네온 조명	빛의 색상이 선명하고 깜박거리며, 영상에 변화하고 활기찬 분위기를 줍니다. 예시로 도시의 네온, 몽환적인 네온 등이 있습니다.
점광원	전구, 촛불 등 점 형태의 광원을 모방하여 집중적이고 강한 광점과 그림자를 만듭니다. 예시로 따뜻한 촛불 조명, 스포트라이트 아래의 극적인 효과, 점광원으로 만든 신비로운 분위기 등이 있습니다.

표 7-8 **빛 프롬프트와 설명** (계속)

프롬프트 예시	프롬프트 설명
영역 조명	특정 영역이나 물체의 광원을 모방하여 장면에 부분 조명을 제공합니다. 예시로 창문을 통과하는 부드러운 빛, 스탠드 아래에서 책을 읽는 분위기, 영역 조명으로 밝혀진 중심점 등이 있습니다.
어두운 톤 조명	전체 장면이 비교적 어두워 그림자와 어두운 부분의 디테일을 강조합니다. 신비롭고, 긴장감 있거나 우울한 분위기를 만듭니다. 예시로 어두운 톤의 신비로운 분위기, 그림자 속 디테일, 어두운 환경에서의 감정 표현 등이 있습니다.
밝은 톤 조명	전체 장면이 밝으며, 밝은 부분을 강조합니다. 상쾌하고, 밝거나 몽환적인 분위기를 만듭니다. 예시로 밝은 톤 조명의 상쾌한 분위기, 밝은 장면 표현, 밝은 빛으로 두드러지는 디테일 등이 있습니다.

예를 들어 다음 프롬프트는 감정이 풍부하고 흥미로운 애니메이션 장면을 생성했습니다(그림 7-10). 조명에 대한 묘사가 분위기와 감정 표현을 구축하는 데 중요한 역할을 한 것입니다.

예시 84 **자연광**

PROMPT >_ A beautiful silhouette animation shows a wolf howling at the moon, feeling lonely, until it finds its pack.

아름다운 늑대의 애니메이션 실루엣은 외로운 늑대가 무리를 찾을 때까지 달을 향해 울부짖는 모습을 보여줍니다.

그림 7-10 달빛 아래에서 울부짖는 늑대의 애니메이션 실루엣

그림 7-10에서는 'moon(달)', 즉 달빛이 장면의 주요 광원 역할을 합니다. 달빛은 일반적으로 부드럽고 은은한 광채를 가지고 있어, 장면에 고요하고 신비로운 분위기를 만들어냅니다. 또한 'silhouette(실루엣)'은 빛과 그림자의 대비 효과를 강조합니다. 달빛 아래에서 늑대의 윤곽이 선명하게 드러나 실루엣 효과를 만들어내며 늑대의 이미지를 부각시킵니다.

또 다른 예로, 다음 프롬프트는 미래적이고 기술적인 느낌의 네온 도시의 야경을 성공적으로 구현했습니다(그림 7-11). 'futuristic neon city(미래적인 네온 도시)', 'neon lights(네온 조명)', 'glistens off(반짝임)' 등의 묘사를 통해 장면에 강렬한 시각적 임팩트를 더했을 뿐만 아니라, 사모예드와 골든 리트리버를 선명하고 생동감 있게 만들었습니다.

예시 85 ▶ **네온 조명**

PROMPT ▶ A Samoyed and a Golden Retriever dog are playfully romping through a futuristic neon city at night. The neon lights emitted from the nearby buildings glistens off of their fur.

사모예드와 골든 리트리버가 밤중에 미래적인 네온 도시를 장난스럽게 뛰어다니고 있습니다. 근처 건물에서 비치는 네온 불빛이 강아지들의 털에 반사되어 반짝입니다.

그림 7-11 **네온 도시에서 뛰노는 강아지들**

Sora로 동영상을 생성할 때 카메라 매개변수 프롬프트를 사용하여 초점 거리, 움직임, 피사계 심도 등의 속성을 조정할 수 있습니다. 표 7-9는 자주 쓰이는 카메라 매개변수 프롬프트입니다.

표 7-9 **카메라 매개변수 프롬프트와 설명**

프롬프트 예시	프롬프트 설명
렌즈 유형	카메라의 렌즈 유형을 지정합니다. 광각 렌즈, 망원 렌즈, 어안 렌즈 등이 있습니다. 예를 들어 광각 렌즈로 넓은 장면을 포착하거나, 망원 렌즈로 특정 디테일에 초점을 맞춥니다.
초점 거리	렌즈의 초점 거리를 조정하여 화면의 선명도와 시야각을 제어합니다. 예를 들어 초점 거리를 가깝게 하여 주체를 부각시키거나, 멀리하여 더 넓은 시야를 비춥니다.
카메라 움직임	카메라의 움직임을 모방합니다. 줌인/줌아웃, 팔로우 샷, 회전 샷, 상하 이동 샷 등이 있습니다. 예를 들어 팔로우 샷으로 이동하는 주체를 따라가거나, 회전 샷으로 전경을 보여주거나, 줌인/줌아웃으로 화면의 디테일을 부각하거나 디테일에서 멀어집니다.
카메라 속도	줌, 회전, 팔로우 속도 등 카메라 움직임의 이동 속도를 제어합니다. 예를 들어 빠른 카메라 움직임으로 긴장감을 조성하거나 느린 움직임으로 평온한 분위기를 만듭니다.
카메라 흔들림	카메라의 흔들림 효과를 모방하여 화면의 동적 감각과 현실감을 높입니다. 예를 들어 특정 장면에서 약간의 카메라 흔들림을 추가하여 핸드헬드 기법으로 촬영한 느낌을 냅니다.
피사계 심도	장면의 전경과 배경의 선명도를 제어하여 피사계 심도 효과를 냅니다. 예를 들어 피사계 심도를 증가시켜 전경과 배경의 선명한 디테일을 보여주거나, 감소시켜 주체를 강조하고 배경을 흐리게 합니다.
카메라 안정화	카메라의 불필요한 흔들림과 떨림을 줄여 안정성을 유지합니다. 예를 들어 카메라 안정화 기능을 사용하여 카메라의 움직임을 부드럽게 하고, 화면의 선명도와 안정성을 유지합니다.

이와 같은 카메라 매개변수 프롬프트는 모델이 다양한 시각적 효과를 가진 동영상 콘텐츠를 생성하도록 하는 데 도움이 됩니다. 매개변수들을 합리적으로 조합하고 조정하면 사용자는 풍부하고 다양한 카메라 움직임과 시각적 효과를 만들 수 있습니다. 이렇게 만들어진 동영상은 더욱 매력적이고 표현력이 풍부해집니다(그림 7-12).

그림 7-12를 보면 카메라 매개변수를 신중하게 선택하여 생생하고 사실적인 해저 장면을 성공적으로 구현했습니다. 'The scene is captured from a wide angle(장면은 광각으로 촬영)' 묘사는 광각 렌즈를 사용하여 해저 장면 전체를 포착하도록 설정했습니다.

또한 'focus(초점)', 'background is slightly blurred(배경은 약간 흐릿하게)', 'depth of field effect(피사계 심도 효과)'를 명확하게 지시해 전경의 피사체를 강조하고 흐린 배경으로 깊이감을 만들어 화면을 더욱 입체적이고 생동감 있게 만들었습니다.

'high dynamic range(하이 다이내믹 레인지)'라는 프롬프트는 HDR 기술을 사용하여 깊은 바다의 푸른색부터 햇빛의 밝은 디테일까지 더 넓은 범위의 밝기 디테일을 포착하도록 했습니다. 이 모든 것이 화면에 녹아들어 화면의 깊이감과 사실감이 향상합니다.

예시 86 다양한 카메라 매개변수 조합

PROMPT >

A large orange octopus is seen resting on the bottom of the ocean floor, blending in with the sandy and rocky terrain. Its tentacles are spread out around its body, and its eyes are closed. The octopus is unaware of a king crab that is crawling towards it from behind a rock, its claws raised and ready to attack. The crab is brown and spiny, with long legs and antennae. The scene is captured from a wide angle, showing the vastness and depth of the ocean. The water is clear and blue, with rays of sunlight filtering through. The shot is sharp and crisp, with a high dynamic range. The octopus and the crab are in focus, while the background is slightly blurred, creating a depth of field effect.

커다란 주황색 문어가 해저의 모래와 바위가 섞인 지형과 어우러져 쉬고 있습니다. 문어는 촉수를 몸통 주위로 뻗고 눈을 감고 있으므로 바위 뒤에서 킹크랩이 집게발을 세우고 공격할 준비를 한 채 자신을 향해 기어오는 것을 모르고 있습니다. 킹크랩은 갈색에 가시가 있고, 긴 다리와 더듬이를 가지고 있습니다. 이 장면은 광각으로 촬영되어 바다의 광활함과 깊이를 보여줍니다. 물은 맑고 푸르며 햇빛이 물속을 비추고 있습니다. 장면은 하이 다이내믹 레인지(높은 동적 범위)로 선명하고 또렷하게 촬영됐습니다. 문어와 킹크랩에 초점이 맞춰져 있고, 배경은 약간 흐릿하게 처리되어 피사계 심도 효과를 연출합니다.

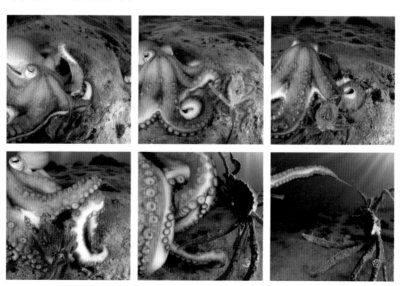

그림 7-12 심해에서 벌어지는 대문어와 킹크랩의 전투

MEMO

비즈니스 실현:
텍스트-비디오로
수익 창출하기

AI 기술이 계속해서 발전함에 따라 단편 동영상 콘텐츠 제작 및 생성 분야는 엄청난 비즈니스 기회를 맞이하고 있습니다. Sora는 선도적인 기술과 혁신적인 비즈니스 활용으로 이미 이 분야에서 두각을 나타내고 있습니다. 이번 장에서는 경쟁이 치열한 동영상 콘텐츠 시장에서 지속적인 성장과 가치 창출을 달성하는 방법을 분석하면서 Sora의 비즈니스 모델과 수익 창출 방법을 자세히 살펴보겠습니다.

8.1 Sora의 비즈니스 응용 시나리오

Sora는 동영상 생성 시간, 해상도, 언어 이해도, 디테일 생성 능력 등에서 뛰어난 장점을 가지고 있습니다. 향후 전자상거래 제품 디스플레이, 동영상 광고 제작, 게임 개발, 애니메이션 제작, 영화 및 TV 프로그램 제작 등 여러 비즈니스 환경에서 중요한 역할을 할 것입니다.

8.1.1 전자상거래 제품 디스플레이

Sora는 제품 디스플레이를 위한 고품질 동영상 콘텐츠 생성이 가능해 전자상거래 종사자들에게 큰 도움이 됩니다. Sora를 사용하면 판매자들은 더욱 매력적인 제품 소개 동영상을 제작하여 고객의 구매 욕구를 자극할 수 있습니다. 전자상거래 제품 디스플레이에서의 응용 전망과 잠재력에 대해 살펴봅시다.

첫째, Sora가 채택한 트랜스포머 아키텍처의 확산 모델은 동영상 생성 모델에서 혁신적인 기술 아키텍처로, 모델의 확장성과 데이터 샘플링의 유연성을 크게 향상시킵니다. 또한 Sora는 여러 캐릭터, 특정 유형의 움직임, 주체와 배경 디테일이 정확한 복잡한 장면을 생성할 수 있어, 고품질 동영상 콘텐츠 생성 능력에서 뛰어난 장점을 가지고 있습니다. 구체적인 활용으로는 AI 모델의 의상 변경, 가상 피팅 등이 있습니다(그림 8-1).

그림 8-1 **AI 모델 의상 변경**

둘째, Sora의 등장으로 동영상 제작의 진입 장벽과 비용이 크게 낮아졌습니다. 프로그래밍 지식이나 동영상 제작의 기초 지식이 없어도 프롬프트 명령어만 입력하면 최대 60초 길이의 4K 고화질 동영상을 생성할 수 있으며, 영화와 같은 원 테이크 샷으로 놀라운 시각 효과를 만들어 낼 수 있습니다. 전자상거래 중소기업은 이를 통해 비용을 낮추고 효율을 높일 수 있습니다.

셋째, AI 동영상 생성 기술을 통해 전자상거래 플랫폼의 제품 정보를 동영상으로 변환하여 고객의 구매를 유도할 수 있습니다. Sora는 제품 특징과 세일즈 포인트를 가진 숏폼을 만들어, 제품의 사용 시나리오와 효과를 직관적으로 보여줌으로써 고객의 구매 욕구를 불러일으킬 수 있습니다.

넷째, Sora는 확산 모델과 트랜스포머 아키텍처를 활용하여 멀티모달 영역에서 효율적인 의미 이해와 복잡한 장면 생성 기능을 실현할 수 있으므로, AI 기술의 상용화 과정을 가속화할 것으로 기대됩니다. Sora의 활용은 전자상거래 산업에 새로운 마케팅 수단을 제공할 뿐만 아니라 다른 산업에도 참고가 될 것입니다.

정리하자면, Sora의 전자상거래 제품 디스플레이 응용 잠재력은 매우 큽니다. 제품 디스플레이의 품질과 매력을 높일 뿐만 아니라 동영상 제작 진입 장벽을 낮추고, 사용자 경험과 전환율을 높이며, 동시에 멀티모달 AI 기술의 발전을 촉진합니다. 이처럼 Sora의 잠재력은 크지만, 실제 응용 시 효과는 구체적인 전자상거래 상황과 시장 피드백을 결합한 추가 검증이 필요합니다.

8.1.2 동영상 광고 제작

Sora는 텍스트 프롬프트를 기반으로 동영상을 생성할 수 있어 광고 회사가 짧은 시간에 대량의 광고 소재를 생성할 수 있습니다. 이를 통해 작업 효율성을 높이고, 운영 비용은 낮아집니다. 또한 광고 업계의 AI 동영상화를 크게 촉진하여 동영상 광고 제작 비용과 시간을 대폭 줄이고, 광고의 전환 효과를 높일 수 있습니다. 거기에 더해 AI 도구를 통해 동영상을 빠르게 생성하는 능력은 광고의 기획부터 실행까지의 주기를 크게 단축시켜 광고 제작 효율성과 마케팅 효과도 높일 수 있습니다.

Sora와 같은 AI 동영상 생성 기술의 활용은 콘텐츠 생성 효율성을 높일 뿐만 아니라, 광고의 창의성을 혁신하고 최적화합니다. 예를 들어 징동京东이 발표한 오픈형 광고는 소비자가 영상에 들어갈 장면의 창의성을 정의하고, 징동이 AI 생성 콘텐츠artificial intelligence generated content, AIGC를 통해 사용자가 원하는 장면을 커스터마이징하는 방식입니다. 이와 같은 혁신적인 광고 형식은 AI 기술을 통해 개인화된 광고를 실현하여 광고 효과를 더욱 향상했습니다.

> **더 나아가기** AIGC는 새로운 유형의 AI 기술입니다. 머신러닝, 딥러닝 등의 기술을 활용하여 대량의 언어 데이터를 분석, 학습, 모방함으로써 자연어를 이해하고 생성하는 능력을 실현합니다. 뉴스 미디어, 광고 및 판매, 전자상거래 등 다양한 분야에 활용되어 텍스트, 이미지, 동영상 등의 콘텐츠를 자동으로 생성함으로써 생산성을 높이고 비용을 절감할 수 있습니다.

8.1.3 게임 개발 및 애니메이션 제작

Sora는 강력한 텍스트 이해 능력과 디테일 생성 능력을 갖추고 있으므로, 애니메이션과 게임 등의 분야에서 광범위하게 활용될 전망입니다. 개발자는 Sora의 능력을 활용하여 더욱 생동감 있고 사실적인 애니메이션과 게임 콘텐츠를 만들어 플레이어의 경험을 향상할 수 있습니다.

예를 들어 Sora를 사용해 인기 게임 〈마인크래프트〉의 장면을 시뮬레이션하여, 게임 속 세계를 더욱 풍부하고 다채롭게 만듭니다(그림 8-2). 시청자는 게임 화면이 '플레이어'의 시점에 따라 자연스럽고 부드럽게 바뀌는 것을 볼 수 있는데, 이는 게임 개발 분야에서 Sora의 강력한 능력을 의심할 여지없이 증명합니다. 이 예시의 원리는 앞서 설명했으므로, 여기서는 반복하지 않겠습니다.

PROMPT >_ Showcasing the game Minecraft.

마인크래프트 게임 시연

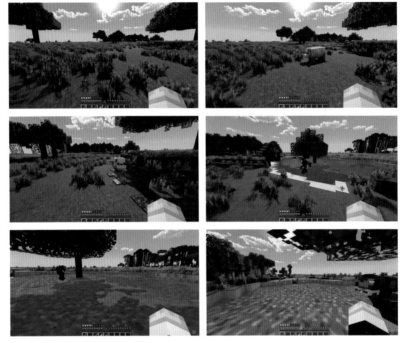

그림 8-2 〈마인크래프트〉 게임 시연

애니메이션 제작 분야에서도 Sora는 엄청난 잠재력을 발휘할 수 있습니다. 전통적인 애니메이션 제작은 많은 인력과 시간이 소요되지만, Sora를 활용하면 제작자가 기본적인 스토리와 캐릭터 설정만 입력하여 자동으로 애니메이션의 캐릭터 이미지, 장면 묘사, 동작 디테일 등을 생성할 수 있습니다. 이를 통해 제작 효율성과 편의성이 크게 향상됩니다.

그림 8-3을 보면 텍스트 프롬프트에 따라 생동감 있는 화면을 만들어냈습니다. 애니메이션의 모든 요소가 설명과 일치하도록 하여 사용자의 기대에 부합하면서도 창의적인 애니메이션을 생성했습니다. 즉, Sora는 강력한 언어 이해 능력과 디테일 생성 능력을 갖추고 있어 시청자가 캐릭터의 성격과 감정을 더 잘 파악할 수 있게 도와주기 때문에 애니메이션을 더욱 생동감 있고 사실적으로 만드는 것이 가능합니다.

예시 88 애니메이션 생성

PROMPT > An adorable happy otter confidently stands on a surfboard wearing a yellow lifejacket, riding along turquoise tropical waters near lush tropical islands, 3D digital render art style.

사랑스럽고 행복한 수달이 노란색 구명조끼를 입고 서핑보드 위에 위풍당당하게 서서 울창한 열대 섬 근처의 청록색 열대 바다를 따라 서핑하고 있습니다. 3D 디지털 렌더링 아트 스타일

그림 8-3 **수달의 열대 서핑 모험**

8.1.4 영화 및 TV 프로그램 제작

Sora는 동영상을 생성할 때 물리적 세계를 이해하고 진짜 카메라로 촬영한 것 같은 느낌을 만들어내므로, 높은 현실감이 필요한 영화와 TV 프로그램 제작에 특히 도움이 됩니다. Sora를 통해 영상 제작자는 더욱 몰입감 있고 공감을 불러일으키는 동영상 콘텐츠를 생성해, 시청자의 시청 경험을 향상할 수 있습니다.

예시 89 영화 제작

PROMPT > Photorealistic closeup video of two pirate ships battling each other as they sail inside a coffee cup.

커피잔 안에서 두 척의 해적선이 항해하며 전투를 벌이는 모습의 포토리얼리스틱 클로즈업 동영상

그림 8-4 **해적선 전투의 순간**

그림 8-4를 보면 Sora는 텍스트 프롬프트에 따라 사실적인 해적선 전투 장면을 만들어냈습니다. 생성된 장면은 실제 세계의 물리법칙을 준수하면서도, 두 해적선이 전투하는 긴장감 넘치는 분위기와 격렬한 움직임을 잘 표현하고 있어, 시청자에게 매력적인 시각적 경험을 제공합니다.

Sora의 등장은 전통적인 영상 제작 방식에 큰 영향을 미쳤다고 할 수 있습니다. 촬영 작업과 후반 작업 과정을 간소화하고, 제작 비용을 낮추며, 동시에 창작 효율성과 콘텐츠 품질을 높였습니다. 이와 같은 변화들은 전통적인 영상 제작 방식에 근본적인 혁신을 가져올 것입니다.

8.1.5 교육 콘텐츠 제작

Sora는 교육 콘텐츠 제작에서도 광범위하고 잠재적인 비즈니스 가능성을 가지고 있습니다. 이는 교육 효과 향상, 다양한 학습 요구 충족, 몰입형 학습 경험 창출, 원격 협업 촉진, 교육 산업의 변혁 촉진 등으로 이어집니다. 자세히 살펴봅시다.

1. 교육 효과 향상

사용자가 제공한 텍스트 프롬프트를 바탕으로 최대 60초 길이의 동영상을 생성할 수 있습니다. 해당 동영상은 시각적 품질을 유지하면서도 사용자의 프롬프트에 묘사된 내용을 완전하고 정확하게 재현합니다. 이는 교사들이 Sora를 활용하여 수업과 관련된 동영상 자료를 생성하고 교육 효과를 높일 수 있음을 의미합니다.

2. 다양한 학습 요구 충족

다양한 유형의 학생들의 요구를 더 잘 충족할 수 있습니다. 높은 수준의 학생들, 특정 개념이나 과목에 어려움을 겪는 학생들, 수업 중 질문하기를 꺼리는 학생들, 특별한 학습 요구를 가진 학생들 모두에게 적합합니다. 이를 통해 교육 기관은 다양한 학생들의 특성에 맞춰 더욱 개인화되고 효과적인 교육 콘텐츠를 제공할 수 있습니다.

3. 몰입형 학습 경험 창출

멀티 샷 기능을 갖췄습니다. 세계 모델을 통해 깊이 있는 상호작용과 풍부한 콘텐츠를 가진 장면을 만들어 동영상 생성에 새로운 창의성을 더할 수 있습니다. 이 기술은 학습 효율성을 높일 뿐만 아니라 학생들의 몰입형 학습 경험을 강화할 수 있습니다.

4. **원격 협업 촉진**

원격 교육에 더욱 풍부하고 직관적인 동영상 리소스를 제공하여, 교사들이 더 효과적으로 원격 지도와 상호작용할 수 있도록 합니다.

5. **교육 산업의 변혁 촉진**

Sora 출시는 교육 산업에 깊은 영향을 미칠 것입니다. 이는 교육 산업 내부의 변혁과 외부 산업의 연쇄 반응을 일으켜 교육 산업에 더 많은 혁신과 발전 기회를 가져올 수 있습니다.

8.2 Sora를 활용해 여러 채널에서 수익 창출하기

Sora는 강력한 텍스트 이해 도구이자 동영상 생성 도구로, 여러 채널에서 수익 창출의 무한한 가능성을 제공합니다. 창작자는 자신의 아이디어를 시장 가치가 있는 콘텐츠로 효율적으로 전환하고, 여러 채널을 통해 수익을 실현하는 것이 가능합니다.

Sora를 활용하면 창작자는 여러 채널에서 수익을 창출할 뿐만 아니라, 치열한 시장 경쟁에서 두각을 나타내며 지속적인 성장과 수익을 달성할 수 있습니다. 이번 절에서는 Sora를 활용해 여러 채널에서 수익을 창출하는 방법을 심도 있게 탐구하여, 동영상 창작자의 더 큰 상업적 성공을 위한 유익한 인사이트를 제공하고자 합니다.

8.2.1 광고 수익 및 스폰서십 수익 창출

소셜 미디어 플랫폼의 급속한 발전으로 콘텐츠 창작자들은 더욱 다양한 수익 창출 방식을 모색하고 있습니다. 이와 같은 배경에서 광고 수익과 스폰서십 수익 창출은 많은 창작자의 관심사가 되고 있습니다. Sora를 사용하여 동영상을 생성하고 수익을 창출하는 창작자들의 수익 창출 방식을 살펴봅시다.

첫째, 유튜브 등 소셜 미디어 플랫폼에 Sora로 생성한 동영상을 게시함으로써 창작자들은 쉽게 광고 수익을 얻을 수 있습니다. 이 모델의 핵심은 조회 수를 높이고 구독자를 모으기 위해 고품질의 매력적인 콘텐츠를 제작하는 것입니다. Sora는 창작자가 다양하고 풍부한 동영상 콘텐츠를 신속하게 생성하여, 새롭고 흥미로운 콘텐츠에 대한 대중의 요구를 충족하는 데 도움을 줄 수 있습니다. 동영상 콘텐츠가 팬들의 사랑을 받아 많은 조회 수를 기록하면, 창작자는 광고 기능을 활성화하여 동영상에 광고를 삽입하도록 함으로써 광고 수익을 얻을 수 있습니다.

둘째, 스폰서 동영상은 또 다른 시도해볼 만한 수익 창출 방식입니다. 브랜드와 협력하여 스폰서 콘텐츠를 제작할 때, 창작자는 Sora를 활용하여 브랜드 메시지와 일치하면서도 혁신적이고 매력적인 동영상을 제작할 수 있습니다. 이와 같은 방식은 브랜드에 새로운 홍보 관점을 제공할 뿐만 아니라 창작자에게도 상당한 수입을 가져다줍니다. Sora는 브랜드의 요구사항과 톤에 맞춰 브랜드 이미지에 부합하는 동영상 콘텐츠를 생성해 브랜드 메시지를 정확하게 전달하도록 합니다. 동시에 창작자는 동영상의 콘텐츠와 스타일에 따라 목표 시청자와 더 잘 맞는 시청자를 끌어들여 스폰서 동영상의 효과와 수익을 더욱 높일 수 있습니다.

8.2.2 유료 지식 콘텐츠를 통한 수익 창출

AI 기술의 급속한 발전으로 유료 지식 콘텐츠는 무시할 수 없는 수익 채널이 됐으며, Sora의 등장은 AI 교육을 통한 수익 창출에 새로운 활력을 불어넣었습니다. Sora의 강력한 동영상 생성 능력은 이미 많은 주목을 받고 있으며, 이에 맞춰 Sora 관련 유료 강의가 등장하고 있습니다 (그림 8-5).[1]

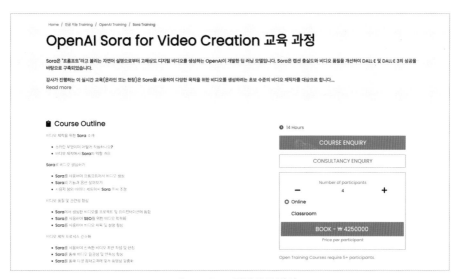

그림 8-5 **Sora 관련 유료 강의**

이와 같은 강의들은 AI 산업에서 Sora의 잠재력과 가치를 보여줄 뿐만 아니라, AI 분야에서 유료 지식 콘텐츠의 거대한 비즈니스 기회를 드러내고 있습니다. 초보자를 위한 입문 강의부터

---

1   옮긴이 https://www.nobleprog.co.kr/cc/sora

전문가를 위한 고급 과정까지, 이 강의들은 학습자들의 전문 지식과 기술에 대한 요구를 충족하여 많은 수강생을 모을 수 있습니다.

유료 강의 외에도 Sora 관련 유료 지식 콘텐츠의 효과적인 방법으로 웹 세미나가 있습니다. 창작자는 웹 세미나를 만들어 업계 전문가, 오피니언 리더 등을 초청하여 Sora의 응용 사례, 기술 동향 등의 주제를 공유할 수 있습니다. Sora로 생성한 동영상 콘텐츠를 활용하여 참가자들은 관련 개념과 기술을 더 직관적으로 이해할 수 있으며, 이를 통해 Sora에 대해 깊이 이해하고 활용할 수 있습니다.

유료 강의나 웹 세미나 모두 Sora를 통한 수익 창출에 새로운 가능성을 제공합니다. 고품질의 강의 콘텐츠를 제작하고 전문적인 기술 교육을 제공함으로써 창작자는 개인의 가치를 수익화할 수 있으며, AI 기술의 보급과 발전을 촉진할 수 있습니다.

8.2.3 프롬프트 거래를 통한 수익 창출

AI 기술의 지속적인 발전으로 프롬프트 거래를 통한 수익 창출은 현재 많은 주목을 받고 있습니다. 2023년에는 AI 그림 분야의 프롬프트를 사고파는 거래가 매우 활발했으며, 2024년에 이르러 Sora AI 텍스트-비디오 생성의 프롬프트 거래도 시장 잠재력이 커졌습니다. 간단한 프롬프트 패키지 거래부터 전문화된 프롬프트 거래 플랫폼까지, 이 분야는 발전할 가능성이 매우 높습니다. 프롬프트 거래에 대해 살펴보겠습니다.

첫째, 전문 프롬프트 거래 플랫폼을 구축하는 것입니다. 효과적인 프롬프트 거래를 위해서는 전문적인 거래 플랫폼 구축이 매우 중요합니다. 이와 같은 플랫폼은 구매자와 판매자에게 편리하고 안전한 거래 환경을 제공합니다(그림 8-6).[2] 플랫폼은 일련의 거래 규칙과 기준을 설정하여, 거래의 공정성과 투명성을 보장합니다. 또 강력한 검색 및 필터링 기능을 제공하여 구매자가 필요로 하는 우수한 프롬프트를 빠르게 찾도록 돕습니다.

---

2 옮긴이 https://www.tipstore.cn/

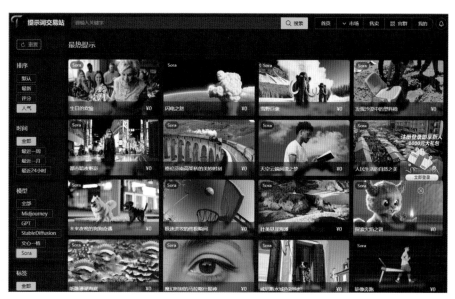

그림 8-6 Sora 관련 프롬프트 거래 플랫폼

둘째, 프롬프트의 품질과 창의성을 높이는 것입니다. AI 텍스트-비디오 생성 분야에서 프롬프트의 품질이 높으면 매력적인 동영상을 생성할 수 있습니다. 따라서 판매자는 자신의 프롬프트를 지속적으로 최적화하여 품질과 창의성을 높여야 합니다. 프롬프트를 최적화하는 방법으로는 매력적인 주제 선택, 생생한 언어와 묘사 사용, 인기 있는 트렌드와의 결합 등이 있습니다. 판매자는 지속적인 개선과 혁신을 통해 독특한 특색을 가진 프롬프트를 만들어 더 많은 구매자의 관심을 끌 수 있습니다.

셋째, 기존 플랫폼을 활용해 거래하는 것입니다. 전문 거래 플랫폼을 만드는 것 외에도 판매자는 기존의 플랫폼을 활용하여 프롬프트 거래를 할 수 있습니다. 예를 들어 PromptBase,[3] PromptHero[4]와 같은 AI 그림 분야의 프롬프트 거래 플랫폼에서는 Sora 프롬프트도 거래할 가능성이 있습니다(그림 8-7). 판매자는 자신의 프롬프트를 이와 같은 플랫폼에 업로드하고, 가격 등의 정보를 입력하여 쉽게 거래할 수 있습니다. 동시에 플랫폼의 사용자 기반과 트래픽 이점을 활용하여 판매자는 자신의 영향력을 확대하고 더 많은 잠재 구매자를 유치할 수 있습니다.

---

3   옮긴이 https://promptbase.com/
4   옮긴이 https://prompthero.com/

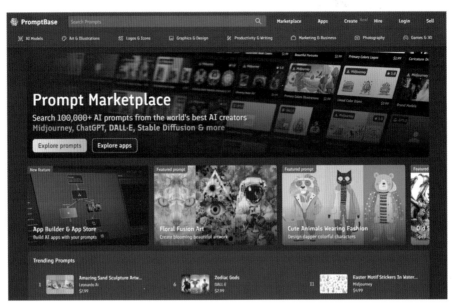

그림 8-7 PromptBase 플랫폼

8.2.4 콘텐츠 창작을 통한 수익 창출

Sora의 등장으로 콘텐츠 창작을 통한 수익 창출은 새로운 기회를 맞이했습니다. Sora는 강력한 텍스트 이해 능력과 콘텐츠 생성 능력으로 콘텐츠 창작자들에게 전례 없는 편의성과 가능성을 제공합니다. Sora의 AI 동영상 생성 능력을 충분히 활용하고 다양한 전략과 방법을 결합하여 콘텐츠 창작자들은 AI 동영상으로 돈을 버는 새로운 장을 열 수 있습니다. 방식은 다음과 같습니다.

- **콘텐츠 창작 및 판매**   Sora는 간단한 텍스트 설명만으로 최대 60초의 고품질 동영상을 생성할 수 있어 콘텐츠 창작자들에게 거대한 창작 공간을 제공합니다. 자신만의 단어 사전, 프롬프트 강의 등을 통해 창작자는 더욱 매력적이고 독특한 동영상을 만들어낼 수 있습니다.

- **AI 동영상 생성 대행**   맞춤형 요구사항이 있는 사용자들을 위해 창작자는 Sora 등의 도구를 사용하여 AI 동영상을 생성할 수 있습니다. 창작자는 사용자 요구에 맞춰 동영상 콘텐츠를 완성하고 최적화하는 AI 동영상 제작 전문가가 될 수 있습니다.

- **Sora로 생성한 동영상으로 계정 운영**   틱톡, 유튜브 쇼츠와 같은 숏폼 플랫폼에서 고품질의 동영상 콘텐츠는 매우 높은 가치를 지닙니다. 재미있고, 가치 있고, 창의적인 AI 동영상을 제

작함으로써 창작자는 더 많은 팔로워와 트래픽을 유치할 수 있습니다. 일단 자신만의 독특한 AI 동영상 스타일을 확립하고, 이를 통해 충분한 팔로워를 유치하면, 동영상을 통한 제품 판매나 팬들의 후원 등의 방식으로 수익화를 고려할 수 있습니다.

Sora로 생성한 동영상을 웹사이트에 업로드하여 돈 벌기   숏폼 동영상 거래 웹사이트에 Sora로 생성한 동영상을 업로드하는 것도 돈을 버는 방법이 될 수 있습니다. 하지만 이 방법은 다른 방법들에 비해 단기적일 수 있다는 점에 주의해야 합니다. 플랫폼이 업로드하는 AI 숏폼의 수를 제한할 수 있기 때문입니다.

콘텐츠 라이선스 및 전략적 협력   미디어, 교육 기관, 콘텐츠 플랫폼에 Sora로 생성한 동영상의 라이선스를 팔아 안정적이고 풍부한 수입원을 만듭니다. 창작자는 Sora로 생성한 고품질 동영상 콘텐츠의 라이선스를 미디어 기관에 팔아 그들의 플랫폼에서 전시하고 공유하도록 할 수 있습니다. 이를 통해 더 많은 사람들이 Sora의 창의성과 재능을 감상할 수 있을 뿐만 아니라, 원작 동영상의 콘텐츠 창작자에게 안정적인 수입이 생길 수 있습니다.

VOD 서비스   풍부한 동영상 콘텐츠 라이브러리를 구축하여 사용자의 구매 및 대여 수요를 충족하고, 특정 관심사나 틈새 시장을 정확하게 만족시키는 독점 콘텐츠를 Sora로 제작합니다. 이처럼 혁신적인 서비스는 사용자의 고품질 동영상 콘텐츠에 대한 수요를 충족할 뿐만 아니라, 콘텐츠 창작자에게 재능을 선보이고 가치를 실현할 수 있는 플랫폼을 제공합니다. 창작자는 동영상 콘텐츠 라이브러리를 구축하는 과정에서 콘텐츠의 차별화와 시장 포지셔닝에 특히 주의를 기울여야 합니다. 창작자는 사용자의 관심사와 수요를 깊이 이해함으로써 맞춤형 동영상 경험을 제공하고, 특정 분야에 대한 깊이 있는 탐구와 학습 욕구를 충족해야 합니다.

더 나아가기   콘텐츠 라이선스 외에도 창작자가 미디어, 교육 기관, 콘텐츠 플랫폼과 전략적 협력을 맺는 방법이 있습니다. 동영상을 공동으로 개발, 제작, 홍보하여 리소스를 공유하고 상호 이익을 실현할 수 있습니다. 유명 미디어와 협력하여 독점 콘텐츠를 공개하거나 교육 기관과 함께 온라인 강의를 만들거나, 콘텐츠 플랫폼과 협력하여 맞춤형 동영상 서비스를 제공하는 등의 협력 방식으로 Sora의 인지도와 영향력을 높일 수 있습니다. 이는 협력 파트너에게도 더 많은 비즈니스 기회와 수익을 가져다줄 수 있습니다.

AI 기술이 지속적으로 발전하고 활용 분야가 넓어지면서, Sora는 새로운 기술 도구로서 강력한 비즈니스적 잠재력을 보여주고 있습니다. 글로벌 전자상거래부터 기술 서비스, 계정 거래부터 보조 도구 개발까지 Sora의 다양한 수익 창출 방식은 각 산업에 전례 없는 비즈니스 기회를 가져다줄 것입니다. 이번 절에서는 Sora를 활용하여 비즈니스 가치를 극대화하는 수익 창출 방식을 살펴보겠습니다.

첫째, Sora는 글로벌 전자상거래 업계에 새로운 활력을 불어넣었습니다. 해외 무역 기업들은 Sora로 생성한 제품 동영상을 숏폼으로 TikTok 등 인기 있는 플랫폼에 게시함으로써 콘텐츠 생산 효율성과 계정 업데이트 빈도를 크게 높일 수 있습니다. 동시에 이와 같은 혁신적인 홍보 방식은 제품이 더 많은 목표 고객을 유치하는 데 도움을 주어 브랜드 영향력과 제품 판매액을 높일 수 있습니다.

둘째, 실현 가능한 수익 창출 방법 중 하나로, Sora에 관심을 가진 기업이나 개인에게 전문 교육이나 기술 서비스를 제공하는 방법이 있습니다. 예를 들어 고객이 Sora를 깊이 이해하고 효율적으로 활용하여 동영상을 제작할 수 있도록 돕거나, Sora 사용에 대한 맞춤형 교육 과정을 개설하여 시장 수요를 효과적으로 충족시키고 상업적 수익을 실현할 수 있습니다.

셋째, AI 분야의 인기를 고려할 때 Sora 계정은 희소 자원이므로, 미래에 매우 높은 가치를 가질 수 있습니다. 특히 내부 테스트 단계에서는 계정 등록 기회가 제한적이므로, 공유 계정이나 독립 계정을 판매하는 것이 수익 수단이 될 수 있습니다. 또한 Sora의 등록 과정에 초대 코드가 필요하다면, 초대 코드 양도 또한 수입원이 될 수 있습니다.

넷째, 기술적인 배경을 갖춘 사람은 사람은 Sora 보조 웹사이트나 도구를 개발하여 풍부한 수익을 창출할 수 있습니다. 예를 들어 Sora 네비게이션 웹사이트를 만들면 사용자에게 편리한 서비스를 제공하면서 광고, 유료 기능 등을 통해 수익을 얻을 수 있습니다. 동시에 Sora와 관련된 도메인을 확보하는 것도 장기적 가치가 있는 투자 전략입니다. 그림 8-8은 SoraHub 플랫폼[5]

---

5   옮긴이 https://sora-hub.com/

이 Sora와 밀접하게 관련된 도메인을 등록하여 창의적인 동영상 제작 프롬프트 종합 플랫폼을 구축한 예를 보여줍니다.

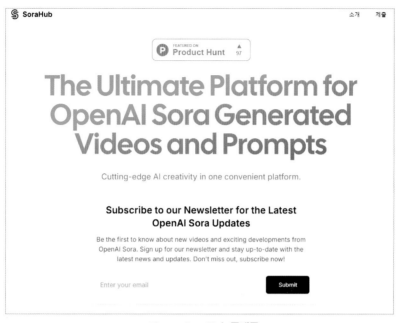

그림 8-8 **SoraHub 플랫폼**

다섯째, AI 기술의 지속적인 발전으로 AI 소설 홍보 영역이 이미지 영역에서 동영상 영역으로 확장됐습니다. 그림 8-9는 스테이블 디퓨전을 사용하여 생성한 소설 홍보 동영상 캡처입니다. 미래에는 창작자들이 Sora를 이용하여 고품질의 AI 동영상 소설 홍보물을 제작하여 많은 팬을 유치하고, 이를 통해 광고, 유료 콘텐츠 등의 방식으로 수익을 실현할 수 있을 것입니다.

그림 8-9 **스테이블 디퓨전을 사용하여 생성한 소설 홍보 동영상 캡처**

여섯째, 제품 제작 능력이 없는 개인이나 팀에게 라이브 스트리밍 판매는 효과적인 수익 창출 방법입니다. Sora로 생성한 숏폼을 라이브 스트리밍으로 보여주며 시청자의 관심을 끌고 관련 유료 제품을 홍보함으로써 트래픽을 수익화할 수 있습니다.

일곱째, Patreon[6] 등의 플랫폼에서 구독자나 회원에게 Sora로 생성한 독점 콘텐츠(비하인드 영상, 우선 체험권, 동영상 시리즈 등)를 제공하여 안정적으로 수익을 창출할 수 있습니다. 고품질 콘텐츠를 제공함으로써 사용자의 유료 구독을 유도하고, 장기적이고 안정적인 수익을 실현할 수 있습니다.

여덟째, 이미 동영상 분야에 진출한 회사의 경우 Sora를 기존 비즈니스에 통합하여 AI 업그레이드를 실현할 수 있습니다. 생산 효율성을 높이고 운영 비용을 낮춤으로써 제품 가격 조정의 여지를 만들어 고객 확보 능력을 강화하고 경쟁 우위를 갖출 수 있습니다.

마지막으로, 자체적인 AI 능력이 부족한 전통 산업 기업에 전문적인 AI 컨설팅 서비스를 제공할 수 있습니다. 고객의 수요에 맞는 맞춤형 솔루션을 제공하여 기업의 AI 전환을 지원함으로써 서비스를 수익화할 수 있습니다. 동시에 전문 지식과 생산 프로세스를 융합한 상업용 소프트웨어 도구를 개발하고, Sora 등의 API를 활용하여 생산 기능을 구현함으로써 기업 서비스 영역에서의 수익을 창출할 수도 있습니다.

---

6   옮긴이 https://www.patreon.com/